FrauenGottesDienste

D1669337

FRAUEN GOTTES DIENSTE

Modelle und Materialien

Thema: Segen

**Herausgegeben von
Marie-Luise Langwald/
Isolde Niehüser**

**Unter Mitarbeit von
Irmentraud Kobusch**

KlensVerlag/Schwabenverlag

Alle Rechte vorbehalten
© 2005 Schwabenverlag AG, Ostfildern, und KlensVerlag, Düsseldorf

Umschlaggestaltung: Finken & Bumiller, Stuttgart
Umschlagfoto: © zefa/F. Krahmer
Satz: Schwabenverlag mediagmbh, Ostfildern
Notensatz: Matthias Heid, Rottenburg
Druck: Koninklijke Wöhrmann B. V., Zutphen, Niederlande
Printed in Netherlands

ISBN 3-7966-1235-0 (Schwabenverlag)
ISBN 3-87309-224-7 (KlensVerlag)

Inhalt

Thema: Segen

Werkstatt Gottesdienst

Lieder

Stichwort Liturgie

Kurz vorgestellt

Hinführung

Wenn der Himmel aufreißt

Unwillkürlich schaue ich oft hoch zum Himmel. Meist will ich nur erfahren, wie das Wetter wird. Die Lage ist schnell eingeschätzt, wenn sich etwas Dunkles zusammenbraut und ein (Wetter-)Unheil droht oder wenn die Sonne ungehindert vom azurblauen Himmel strahlt. Doch ich kenne auch andere Augenblicke. Gern beobachte ich ziehende Wolkenlandschaften und fantasiere Gestalten und Bilder, wenn sich Wolkenfetzen verschieben. Irgendwo versteckt muss doch Sonne sein. Dann kämpft sie sich durch Wolkenränder und bricht mit ihren Lichtstrahlen durch. Plötzlich verändert sich das Bild, alles sieht anders und neu aus. Das Bild eines aufgerissenen Himmels vermittelt, dass sich Unverhofftes Bahn brechen und alles neu gestalten kann. Eine neue Sicht bringt neue Einsichten.

Segen ist allgegenwärtig

Wie eine hinter Wolken versteckte Sonne ist Segen allgegenwärtig und doch nicht immer präsent in unserem Bewusstsein. Eine von Gott gestaltete Schöpfung (vgl. Gen 1,24b und 1,28a) ist gesegnet,

sie ist gut. Hergeleitet vom lateinischen »benedicere« bedeutet segnen »gut-sagen« oder »gut-heißen«. Das Lob gilt ursprünglich dem
Schöpfergott, Quelle allen Segens und Segnens. Doch die Erkennt-
nis, dass alles, so wie es ist, in Ordnung ist, bleibt in schwierigen
Situationen zunächst verdunkelt. Eine innere Zustimmung, ge-
schweige denn einen Lobpreis werden wir kaum über die Lippen
bringen, wenn wir Schmerzen erleiden oder schwer krank sind.
Aber so wie die gesamte Schöpfung auf Erlösung harrt, warten und
hoffen wir auf Vollendung unserer Vorläufigkeit. Im Segnen ver-
gegenwärtigen und preisen wir, dass alles gut ist und sein wird. Wir
binden uns zurück an unseren Gott und schauen nach vorn. Wir lassen uns Segen zusprechen und bekräftigen im Glauben, wer Gott für
uns ist: Schöpfergott, Jesus Christus und heilige Geistkraft. Im
Kreuz, das wir über Stirn, Brust und Schultern zeichnen, wird
»handgreiflich«, dass wir dem dreifaltigen Gott gehören. Dieses Be-
Zeichnen, lateinisch »signare«, steckt im Wort Segen. Und so wird
in der Liturgie mit dem Segen oft das Kreuzzeichen verbunden.

Segen feiern

In FrauenGottesDienste greifen wir mit diesem Band das Thema
»Segen« auf, selbst wenn es schon eine Fülle von Segensbüchern
gibt. Offensichtlich ist das Bedürfnis nach Segenswünschen und
-zusagen sehr groß. In einer Mischung aus liturgisch-traditionellen
und neueren Zugängen haben wir frauenspezifische Themen ausge-
wählt. Segnen und gesegnet werden ermutigt und stärkt Frauen in
ihrem Glauben: Gott wird uns segnen und wir werden Segen sein.

Isolde Niehüser

Gottesdienste

Gesegnet im Zeichen des Kreuzes

WORTGOTTESDIENST

 Lied

»Gott gab uns Atem, damit wir leben« (kfd-Liederbuch, Nr. 89)

Liturgische Eröffnung

Wir feiern diesen Gottesdienst im Namen Gottes, der uns Vater und Mutter ist,
im Namen Jesu Christi, der uns Freund und Wegbegleiter ist,
im Namen der Ruach, die lebensspendende Wirkkraft ist.

Kreuzzeichen

Einführung

Ich begrüße Sie herzlich zu unserem Gottesdienst »Gesegnet im Zeichen des Kreuzes«. Wie selbstverständlich haben wir zu Beginn das Kreuzzeichen gemacht. Segen und Kreuz gehören im Christentum zusammen. Das deutsche Wort »segnen« leitet sich ab vom lateinischen »signare«, sich bezeichnen, das wiederum abgeleitet ist von lateinisch »signum«, d. h. übersetzt »Zeichen« oder »Erkennungszeichen, Siegel«. In diesem Gottesdienst rufen wir uns neu ins Bewusstsein, dass wir unter dem Zeichen des Kreuzes stehen, das uns zum Segen wird. Das Kreuz als Schandpfahl, an dem Jesus sein Leben verlor, wird uns zum Heilzeichen. So ist das Kreuz den einen Torheit, denen aber, die die Botschaft Jesu angenommen haben, Gottes Kraft (vgl. 1 Kor 1,18). Denn das Kreuzzeichen im Namen des dreifaltigen Gottes verbindet alle Christinnen und Christen.

Lied

»Zeichen erkennen und aufbrechen« (kfd-Liederbuch, Nr. 14)

Kyrie

Jesus Christus, du hast dein Kreuz getragen.
Jesus, erbarme dich unser. *Alle:* Jesus ...

Jesus Christus, du bist für uns am Kreuz gestorben.
Christus, erbarme dich unser. *Alle:* Christus ...

Jesus Christus, du rufst uns in deine Nachfolge.
Jesus, erbarme dich unser. *Alle:* Jesus ...

Überleitung zur Bibelstelle

Wir hören aus dem Evangelium nach Matthäus. Aus der Liturgie kennen wir, dass wir uns mit kleinen Kreuzen auf Stirn, Mund und Brust bezeichnen. Unser Denken, unser Reden und unser Herz sollen sich öffnen für die frohe Botschaft.

Kleine Kreuze auf Stirn, Mund und Brust zeichnen.

Evangelium

Mt 11,28–30   Vom leichten Joch Jesu

Heran zu mir alle, ihr Mühenden und Überbürdeten:
Ich werde euch aufatmen lassen.
Mein Joch nehmt auf euch und lernt von mir.
Denn: Sanft bin ich und von Herzen niedrig,
und ihr werdet Aufatmen finden für euer Leben.
Mein Joch ist ja gut, und meine Bürde ist leicht.

(Übersetzung von Fridolin Stier)

Gedanken zum Evangelium

Wenn vom Kreuz und der Nachfolge gesprochen wird, verbinden wir damit oft negative Erfahrungen. Wir denken an ausweglose Situationen, die nur schwer zu ertragen sind, oder an Menschen, die über Gebühr leiden müssen. Ein Kreuz tragen hat einen bitteren Beigeschmack, denn es lastet schwer. Die Botschaft des heutigen Evangeliums ist eine andere. Jesus lädt ein, zu ihm zu kommen: »Ich werde euch aufatmen lassen ... meine Bürde ist leicht.« Hier wird genau das Gegenteil dessen ausgesagt, was wir uns vorstellen, wenn wir das Kreuz auf uns nehmen. »Ein Joch auf sich nehmen«, sich also einspannen und anbinden lassen, bedeutet, die Vorschriften und Lehre eines anderen zu übernehmen. Wer sich auf den Weg einlässt, den Jesus gegangen ist, findet Halt. Wer Jesu Beispiel nachfolgt, wählt den richtigen Weg zu den Menschen und zu Gott. Das verschafft letztlich Ruhe und Geborgenheit.

Körperübung mit Instrumentalmusik

Die Botschaft von der leichten Bürde und vom Joch nehmen wir in eine Körperübung hinein: »Ich werde euch aufatmen lassen«, dieser Erfahrung können wir vielleicht nachspüren. Denn ein Joch, ein Kreuz ist uns ganz nahe. Jede trägt ihr Kreuz in sich selbst, im eigenen Leib.

Alle werden gebeten, sich im Raum so aufzustellen, dass jede ihre Arme seitwärts ausrichten kann. Die Gebärden werden erläutert und zusammen ausprobiert. Zur Instrumentalmusik soll jede anschließend im eigenen (Atem-)Rhythmus die Gebärden ausführen. Als Instrumentalmusik eignet sich ein längeres getragenes Musikstück.

– Wir stellen uns aufrecht und gerade hin. Die Füße stehen hüftbreit auseinander und sind gut geerdet. Wir haben aus unserer Mitte heraus einen guten Stand. Die Arme sind locker neben dem Körper.

– Die Arme werden seitlich gehoben bis auf Schulterhöhe. Wir richten uns aus, spüren die seitliche Ausstreckung, ohne die Arme und Ellenbogen ganz durchzustrecken. Wir verlängern uns über die Finger und in Gedanken strecken wir uns über unsere Körpergrenzen seitlich aus. Wir halten aus, öffnen uns zu beiden Seiten.

– Wir heben die Arme weiter hoch, bis wir im dynamischen Kreuz, dem Andreaskreuz, stehen. Wir richten uns nach oben und unten aus. Die Arme und Finger strecken sich nach oben, die Schultern senken sich, der Kopf ist beweglich und die Füße erden uns. Wir sind ausgestreckt zwischen oben und unten, zwischen Himmel und Erde.

– Wir erden die Bewegung, indem wir die Arme und Hände über dem Kopf zusammenführen. Dabei zeigen die Handflächen mit ganz kleinem Abstand zueinander. Die Arme werden dann vor der Mittellinie des Körper gesenkt, vor Stirn, Mund und Brust. Die gesenkten Arme gleiten in die Ausgangsstellung neben dem Körper zurück.

▥ Wiederholung des Evangeliums

Mt 11,28–30   Vom leichten Joch Jesu

▥ Gedanken zu den Fürbitten

»Gesegnet im Zeichen des Kreuzes«: Die Gedanken und Erfahrungen zum leichten Joch, zum nahen Kreuz und zum Kreuzzeichen, das zum Bekenntnis wird, verheißen Segen. Segen ist allgegenwärtig. Alles ist von Gott gesegnet und zwar als gute Schöpfung: Gott sah, dass es gut war und Gott segnete (vgl. Gen 1,24b und Gen 1,28a). Segnen bedeutet »gut-sagen, gut-heißen« (lat. benedicere). Dazu gehört das gläubige Erkennen, dass alles, so wie es ist, in Ordnung ist. Alles ist gut, alles ist von Gott gut geschaffen, auch wenn es nicht immer auf den ersten Blick so erscheint. Diese Einsicht, diese innere Zustimmung zu allem und zu jedem Menschen wird uns schwer fallen, wenn wir uns überfordert fühlen. Doch im Glauben steckt die sprengende Kraft, die uns und andere leben lässt.

Wir bringen unsere Bitten vor Gott.

Die Teilnehmerinnen werden eingeladen, ihre Anliegen, ihre Bitten und ihren Dank vor Gott zu tragen. Zu Beginn und zum Abschluss und evtl. auch zwischen den einzelnen Bitten wird der Liedruf gesungen.

Liedruf

»Gott wird uns segnen und wir werden Segen sein für alle Menschen.«

Melodie: »Schweige und höre«, FrauenGottesDienste 4, S. 74

Vaterunser

Zum Vaterunser werden alle eingeladen, sich an den Händen gefasst in den Kreis zu stellen.

Zum Segen

Wir sind von Gott Gesegnete und sollen einander zum Segen werden. Zum Abschluss dieses Gottesdienstes lade ich ein, einander zu segnen. Wir segnen und lassen uns Segen zusprechen. So können wir erfahren, dass letztlich Gott uns meint und mit uns auf dem Weg ist. Mit einem guten Wunsch und mit einer persönlichen Zusage wenden sich zwei einander zu und zeichnen sich gegenseitig ein Kreuz auf die Stirn.

Lied

»Bewahre uns Gott, behüte uns Gott« (FrauenGottesDienste 2, S. 64 und 12, S. 70)

Zum Lied kann auch getanzt werden:

Ausgangsstellung: im Kreis durchgefasst

»Bewahre uns Gott, behüte uns Gott«
In Tanzrichtung: vier Schritte, rechts beginnend; dabei: Hände durchgefasst, Arme in V-Haltung

»Sei mit uns auf unseren Wegen«
Zur Mitte gehen: zwei größere Schritte, rechts beginnend; dabei: Hände lösen, die Arme bis zur Waagerechten heben
Am Ort: rechts seit, wieg auf rechts; wieg auf links; dabei: die Arme waagerecht halten

»Sei Quelle und Brot in Wüstennot«
Aus der Mitte gehen: zwei kleine Schritte zurück, rechts beginnend; dabei: Unterarme anwinkeln und mit einer schöpfenden Bewegung aus der Mitte zum Körper nehmen
Am Ort: Rechts seit, wieg auf rechts; wieg auf links; dabei: die Arme vor der Brust kreuzen

»Sei um uns mit deinem Segen«
Nach außen: vier Schritte, rechts beginnend einen kleinen Außenkreis gehen und an den Ausgangsort zurückkommen; dabei: mit dem rechten Arm eine spiralförmig nach oben führende Armbewegung ausführen, den linken Arm in die natürliche Bewegung mitnehmen, sich abschließend mit beiden Armen kurz umfassen

Refrainwiederholung: »Sei Quelle und Brot in Wüstennot«
Aus der Mitte gehen: zwei kleine Schritte zurück, rechts beginnend; dabei: die Arme herunter nehmen und anwinkeln
Am Ort: Rechts seit, wieg auf rechts; wieg auf links; dabei: die Arme mit einer schöpfenden Bewegung aus der Mitte zum Körper nehmen und vor der Brust kreuzen

Refrainwiederholung: »Sei um uns mit deinem Segen«
Siehe oben

Von vorne

Falls sich durch die wiederholte Rückwärts- und Auswärtsbe-
wegung der Kreis zu weit voneinander entfernt hat, können die vier
Schritte zum Neubeginn der nächsten Liedstrophe ausgleichend
zueinander ausgeführt werden.

Hildegard Müller-Brünker und Isolde Niehüser

Frau, du bist gesegnet

FRAUEN-SEGENS-FEIER

■ **Lied**

»Herr, wir bitten, komm und segne uns« (kfd-Liederbuch, Nr. 34)

*Von dem Lied wird nur der Refrain dreimal gesungen. Auf einem
Liedzettel sollte »Herr« durch »Gott« ersetzt werden.*

■ **Liturgische Eröffnung**

Wir feiern miteinander Gottesdienst, Gottes Dienst an uns, Gottes
Zuspruch und Gottes Segen. Wir tun es im Namen des Vaters, des
Sohnes und des Heiligen Geistes.

■ **Einführung**

Wir sind zusammengekommen, um unser Frausein unter den Segen
Gottes zu stellen. Wir schauen auf unser Frausein, auf unsere Geschlechtlichkeit, auf unsere Sexualität, die uns von Gott geschenkt
ist. Sie verbindet uns mit Gott. Diesen Gott, der uns so erschaffen
hat, preisen wir.

■ **Lobpreis**

Gott,
aus deinem mütterlichen Schoß sind wir ins Leben gekommen.
Wir preisen dich.

Liedruf: »Laudate omnes gentes« (kfd-Liederbuch, Nr. 64)

Jesus Christus,
du hast uns die Fülle des Lebens ermöglicht.
Wir preisen dich.

Liedruf

Göttliche Geistkraft,
du erfüllst uns mit deinem Leben spendenden Atem.
Wir preisen dich.

Liedruf

Gebet

Gott des Lebens,
immer wieder preisen wir dich und feiern wir dich in der Gemeinschaft der Menschen, die an dich glauben. Heute feiern wir dich als Frauen. Du hast uns als Frauen geschaffen, mit Leib und Seele, mit Kopf und Herz. So stehen wir vor dir – mit unserer Geschichte, mit unseren Wunden und mit unserer Sehnsucht nach Heilung und Heil. Schau auf uns und segne uns.

Erinnerung

Du bist gesegnet, Frau – so haben wir diesen Gottesdienst überschrieben. Wir laden Sie ein, sich an einige Stationen Ihres Frauseins zu erinnern.
Wie habe ich mein Frausein erlebt,

- als ich meine erste Monatsblutung hatte?

- bei den ausklingenden Monatsblutungen, im Klimakterium?

- als ich schwanger war?

- bei der Geburt meines Kindes?

Kurze Stille

Liedruf

»Kyrie eleison« (kfd-Liederbuch, Nr. 110)

Lesung

Gen 1,27-28a.30b.31a   Gott schuf den Menschen nach seinem Abbild

Zuspruch

»Gott segnete sie.«
Den umfassenden Segen, den Gott auf alle Menschen in ihrer Geschlechtlichkeit gelegt hat, den wollen wir erfahren, spüren und uns gegenseitig zusprechen. Wir laden Sie ein, sich zu zweit einander gegenüberzustellen. Eine sagt den Segen zu, die andere empfängt ihn. »Du bist gesegnet.« Ich halte meine Hände segnend über den Kopf meiner Partnerin. »Ein Segen bist du.« Ich lege ihr meine Hände auf die Schultern. Wenn wir das Lied einige Male gesungen haben, wechseln wir die Rollen. Bei meditativer Musik wollen wir diese Erfahrung nachklingen lassen.

Liedruf

»Du bist gesegnet, ein Segen bist du.« (s. S. 44)

Zu dem Liedruf ist eine Gebärde ausführlicher beschrieben. Das Lied kann auch gesprochen werden.

Musik

Gebet

Gott, wir sind als Frauen von dir geschaffen. In unserer Geschlechtlichkeit sind wir von dir gewollt und gesegnet. Zu unserer Geschlechtlichkeit, zu uns gehören auch unsere schmerzhaften Erfahrungen.
Gott, ich halte dir hin:

– die Verletzungen durch eine falsch verstandene Tradition, die Geschlechtlichkeit mit Unreinheit in Verbindung bringt

- meine körperlichen Schmerzen bei Menstruation und Geburt
- vielleicht die Erfahrung von »Aussegnung«
- die Belastungen durch Hormonschwankungen
- meine unerfüllten Sehnsüchte
- Erfahrungen von Missbrauch.

Gott, ich halte alles dir hin.

Evangelium

Lk 8,42b–48   Die Heilung der blutflüssigen Frau

Berührung

Jesus lässt sich berühren. In der Berührung geschieht Heil und Heilung. Wir laden Sie ein, die Hände auf Ihren Leib, auf Ihren Schoß zu legen und sich die Berührung Gottes, den Segen Gottes zusagen zu lassen.

Liedruf

»Du bist gesegnet, ein Segen bist du.« (s. S. 44)

Gebet

Jesus Christus,
wir danken dir, dass du dich hast berühren lassen von der blutflüssigen Frau. Wir danken dir für die heilende Berührung, die du der Frau geschenkt hast. In ihr lässt du uns alle dich berühren. Jede von uns darf dir nahe sein und dich berühren – in der großen Sehnsucht, deine heilende Nähe zu spüren. Rühre du uns immer neu an, heile uns und segne uns, jetzt und immer.

Segen und Sendung

Gott,
gesegnet in unserem Frausein gehen wir,
angesehen von dir in unserem Frausein gehen wir,
von dir berührt gehen wir
im Namen des Vaters, des Sohnes und des Heiligen Geistes.

Lied

»Groß sein lässt meine Seele den Herrn«
(Erdentöne – Himmelsklang 256 oder FrauenGottesDienste 4, S. 68)

Irmentraud Kobusch und Marie-Luise Langwald

»Gott schenke dir Gesundheit und Heil«

EUCHARISTIEFEIER MIT BLASIUSSEGEN

Orgelvorspiel oder Instrumentalmusik

Liturgische Eröffnung

Wir feiern diesen Gottesdienst
im Namen Gottes, der Urgrund allen Segens ist,
im Namen Jesu Christi, der heilend wirkte,
im Namen der Geistkraft, die uns belebt.

Einführung

»Gott schenke dir Gesundheit und Heil«, diese Worte werden uns
heute mit dem Blasiussegen zugesprochen. Gesund zu sein oder zu
werden – danach sehnen sich alle, die Krankheit und Gebrechlichkeit erfahren. Wenn wir erkranken, erleben wir manchmal Gefühle
von Hilflosigkeit und Ohnmacht. Krankheit kann uns herausfor-
dern, sie wirft uns auf uns selbst zurück. Wir erfahren, dass unser
Leben bedroht ist und irgendwann verlischt wie ein ausgeblasenes
Kerzenlicht. Wir halten Ausschau nach dem, von dem wir Hilfe er-
hoffen.

Lied

»Ich möcht, dass einer mit mir geht« (s. S. 67)

»Einer« kann durch »eine« ersetzt werden.

Kyrie

Jesus Christus, du bist Mensch geworden und hast unter uns gelebt.
Du kennst unsere menschlichen Höhen und Tiefen, du kennst
Freude und Leid.
Jesus, erbarme dich unser. *Alle:* Jesus, erbarme dich unser.

Jesus Christus, du hast Kranke geheilt und uns Gottes Menschen-freundlichkeit offenbart. Du kennst unsere Sehnsucht, gesund an Leib und Seele zu sein.
Christus, erbarme dich unser. *Alle:* Christus, erbarme dich unser.

Jesus Christus, du hast dein Leben in Gottes Hände gelegt, du wurdest gehalten in äußerster Todesnot. Du kennst unsere abgrundtiefe Angst und unsere Hoffnung auf ein gutes Leben und Sterben.
Jesus, erbarme dich unser. *Alle:* Jesus, erbarme dich unser.

Tagesgebet

Gott des Lebens,
wir sehnen uns nach Gesundheit und Heilung, nach Kraft und Lebendigkeit.
Hilf uns, unsere alltäglichen Mühen und unsere Gebrechlichkeit des Körpers und der Seele wahrzunehmen. Lenke unsere Aufmerksamkeit auf das, was uns wirklich fehlt. Ziehe uns in deine Gegenwart.
Darum bitten wir durch Jesus Christus, der sich den Menschen zugewandt hat und durch die heilige Geistkraft, die lebendig macht.

Lesung

Ez 37,1–10   Die Vision von der Auferweckung Israels

Antwortgesang

»Komm, heiliger Geist« (kfd-Liederbuch, Nr. 57)

Evangelium

Mt 15,29–31   Die Heilung vieler Kranker

Gedanken zur Predigt

In beiden Bibelstellen haben wir von Heilungen gehört. Im Buch Ezechiel wird anschaulich beschrieben, wie Lebendigkeit erst nach und nach in die Menschen fließt: Erst rücken die toten Gebeine zusammen, dann werden sie mit Fleisch und Sehnen überzogen. Aber das reicht noch nicht, Gottes Geist fehlt. Und der Prophet führt aus, was aufgetragen ist: »Hauch diese Erschlagenen an, damit sie lebendig werden.« Auch Jesus war für die Menschen seiner Zeit ein Prophet. Er war auch Arzt, der alle möglichen Krankheiten heilen konnte. Zu Jesus, dem Menschensohn, pilgerten die Blinden und Stummen, wurden die Lahmen und Krüppel gebracht. Jesus verwies auf den Gott Israels, auf sein Wirken, das lebendig macht an Leib und Seele. Diese ganzheitliche Heilung bewirkt Wunder. Das Volk war erstaunt über die Wundertaten, es pries Gott. Heilung und Glaube gehören zusammen. Der Geist Gottes macht lebendig und heilt körperliche und seelische Gebrechen.

Nehmen wir uns Zeit, in Stille über uns selbst und unsere Hoffnungen nachzudenken:

– Was bedrückt mich?

– Wovon möchte ich geheilt werden?

– Wer und was trägt mich in meinem Leben?

Überleitung zum Blasiussegen

Vom Märtyrerbischof Blasius von Sebaste wird berichtet, dass er segnend und heilend gewirkt hat. Er kam aus Armenien und starb während der Christenverfolgung um 316. Auf dem Weg ins Gefängnis soll er noch einen Jungen, der an einer Frischgräte zu ersticken drohte, vor dem Tod gerettet haben. Blasius gilt als einer der 14 Nothelfer. An seinem Gedenktag, dem 3. Februar, wird heute – oder manchmal auch einen Tag vorher, am Tag »Darstellung des Herrn« (früher: Mariä Lichtmess) – der traditionelle Blasiussegen erteilt. Dazu werden zwei brennende Kerzen im Andreaskreuz übereinander gelegt und vor Gesicht und Hals gehalten. Diese traditionelle Segensgeste erinnert an das Fischgrätenwunder. Der Segen dazu lautet:

»Gott schenke dir Gesundheit und Heil. Er segne dich auf die Fürsprache des heiligen Blasius durch Jesus Christus.«

In der Tradition des Blasiussegens, die seit dem 17. Jahrhundert in unsere Liturgie eingegangen ist, wird spürbar, dass es gut ist, Gesundheit und Heil zugesprochen zu bekommen. Im Blasiussegen wird die Sehnsucht, gesund zu sein, ganz konkret greifbar. Wir brauchen Gottes Zusage in unseren kleinen und großen Schmerzen, die wir erleiden und oft genug erdulden müssen. Und so heißt es in der vielleicht bekannteren Segensformel »Auf die Fürsprache des heiligen Blasius bewahre dich der Herr vor Halskrankheiten und allem Bösen. Es segne dich Gott, der Vater und der Sohn und der Heilige Geist.« Schon in den kleinen Widrigkeiten des Lebens, sozusagen in den Anfängen eines grippalen Infekts, können wir uns Gott anvertrauen. Nicht umsonst »holen« sich Menschen gern einen Blasiussegen. Aber ein Blasiussegen ersetzt nicht Umsicht und Sorge für sich selbst. Er erspart deshalb auch keinen Arzt- oder Apothekenbesuch, wenn wir krank geworden sind. Der Segen erinnert uns neu daran, dass Gott menschenfreundlich ist und uns begleitet Tag für Tag. Ein Blasiussegen bringt ins Wort, was wir letztlich glauben und immer neu zugesagt bekommen: Gott schenkt uns Lebendigkeit, auch wenn wir regungslos sind, wenn wir krank sind, wenn wir sterben. Im Glauben steckt die sprengende Kraft, die uns letztlich heilen kann.

Lassen wir uns heute den Segen zusprechen.

Alle werden eingeladen, sich im Kreis um den Altar zu stellen und den Blasiussegen zu empfangen. Nach Abschluss des Segens werden die brennenden Kerzen an verschiedenen Orten aufgestellt, daneben Teelichter.

■ Fürbitten

Zwischen den einzelnen Fürbitten wird eine längere Stille gehalten. Wer möchte, kann in der Stille an den Altar treten, ein Teelicht entzünden und wortlos hinstellen oder aussprechen, an wen sie oder er gerade denkt.

Gott, du kennst unsere Sehnsucht nach Gesundheit und Heil. Wir haben den Blasiussegen empfangen, haben die Zusage gehört, dass du uns bewahren willst vor allem, was unser Leben zerstören kann. Wir glauben deiner Zusage und möchten dir in den Fürbitten andere empfehlen. Stehe du ihnen bei, lass sie deine Fürsorge und Menschenfreundlichkeit erfahren.

– Wir denken an Menschen, die uns nahe sind, die wir lieben und die uns brauchen.

– Wir denken an Menschen, die in ihrem Leben wenig Sinn sehen, die ihre Lebenslangeweile zerstreuen.

– Wir denken an Menschen, die auf Nähe und menschlichen Trost warten, die sich einsam fühlen.

– Wir denken an Menschen, die krank sind und die keine Hoffnung mehr auf Heilung haben.

– Wir denken an unsere Verwandten und Lieben, die verstorben sind und von denen wir hoffen, dass sie bei dir sind.

Gott, du nimmst dich aller an, die wir dir empfehlen. Hilf uns und ihnen zu leben und zu glauben. Darum bitten wir dich durch Jesus Christus, der uns deine Zuwendung vorgelebt hat.

Alle gehen zurück an ihre Plätze.

Gebet zur Gabenbereitung

Gott des Lebens, wir bringen dir Brot und Wein, Früchte unserer Erde.
Alle guten Gaben sind uns geschenkt, damit unser Leib und unsere Seele genährt werden. Stärke uns, heile uns, wandle uns in der Kraft deiner liebenden Zuwendung.

Lied zur Gabenbereitung

»Brot, das die Hoffnung nährt« (kfd-Liederbuch, Nr. 101)

Lied zum Sanctus

»Du bist heilig, du bringst Heil« (kfd-Liederbuch, Nr. 105)

Zum Friedensgruß

Gesundheit ist mehr als die Abwesenheit von Krankheit. Friede ist mehr als die Abwesenheit von Krieg. Wünschen wir uns den größeren Frieden, wünschen wir uns den Frieden Gottes.

Beim Austausch des Friedensgrußes kann der Liedrefrain »Friede soll mit euch sein« (kfd-Liederbuch, Nr. 79) gesungen werden.

Schlussgebet

Gott des Lebens,
durch dein Wort und das eucharistische Mahl sind wir gestärkt. Bewahre in uns die Erwartung, dass alles Unheilvolle der Welt gewandelt wird und einst eingeht in deine schöpferische Vollendung. Darum bitten wir dich, der du wirkst jetzt und immer.

Segen

Gott segne und behüte dich.
Gott lasse sein Angesicht über dich leuchten und sei dir gnädig.
Gott wende sein Angesicht dir zu und schenke dir Heil.
(nach Num 6,24–26)

Lied

»Gott gab uns Atem« (kfd-Liederbuch, Nr. 98)

Isolde Niehüser

Mit Leib und Seele im Himmel

EUCHARISTIEFEIER MIT KRÄUTERSEGEN

Dieser Gottesdienst kann außer am Hochfest der Aufnahme Mariens in den Himmel auch an einem Tag im Umfeld dieses Festes gefeiert werden.
Der Kräutersegen (Lesung, Binden eines Straußes und Kräutersegnung) kann aus dem Gottesdienst herausgenommen werden. Er eignet sich auch
- *als Abschluss einer Wanderung*
- *als geistlicher Einstieg bei einer Veranstaltung im Sommer*
- *als Teil eines Gottesdienstes zur Feier der Schöpfung*
- *als Teil einer Krankensegnung.*

Lied

»Maria aufgenommen ist« (GL 587,1–3.5–6)

Einführung

Wir feiern heute das Fest der Aufnahme Mariens in den Himmel, ein Fest, das schon in der frühen Kirche des Ostens begangen wurde, auch wenn das Dogma von der leiblichen Aufnahme Mariens in den Himmel erst 1950 von Papst Pius XII. feierlich verkündet wurde.

Gott hat Maria berufen, die Mutter seines Sohnes zu sein. Indem sie diese Berufung annimmt und sie in tiefem Glauben und inniger Gottverbundenheit lebt, reift ihr Leben zur höchsten Vollendung. Die Aufnahme Mariens zu Gott bestätigt, dass Maria zur Fülle ihres Lebens gekommen ist.

Kyrie

Jesus Christus, du hast deine Mutter in deine Herrlichkeit aufgenommen.

Liedruf: »Kyrie eleison« (kfd-Liederbuch, Nr. 109 oder 110)

Du hast ihr als erster die Vollendung geschenkt, die du uns allen verheißen hast.

Liedruf

Wenn du wiederkommst, wirst du uns und die ganze Schöpfung zur Vollendung führen.

Liedruf

Gloria

»Ich lobe meinen Gott, der aus der Tiefe mich holt« (kfd-Liederbuch, Nr. 108)

Tagesgebet

Ewiger Gott,
du hast die selige Jungfrau Maria, die uns Christus geboren hat, mit Leib und Seele in den Himmels aufgenommen.
Gib, dass wir auf dieses Zeichen der Hoffnung und des Trostes schauen und auf dem Weg bleiben, der hinführt zu dir.
Darum bitten wir durch Jesus Christus, deinen Sohn, der in der Einheit des Heiligen Geistes mit dir lebt und wirkt in Ewigkeit.

Einführung zur Lesung

In der biblischen Tradition wird die Weisheit oft als Frau dargestellt. Durch sie teilt sich Gott den suchenden Menschen mit. Sie vermittelt ihnen Einsicht und hilft ihnen zu einem gelingenden Leben. Sie ist wie die Bäume und Heilkräuter des Orients, die mit ihrer Heilwirkung und ihren Düften das Leben der Menschen erleichtern und bereichern.

Lesung

Sir 24,1–2.9–19   Lob der Weisheit

Halleluja

»Halleluja« (GL 530–532)

Sei gegrüßt, Jungfrau Maria, du Sitz der Weisheit.
Selig bist du, weil du geglaubt hast, was Gott dir sagen ließ.

»Halleluja«

Evangelium

Lk 1,39–56   Maria besucht Elisabet und singt ihr Magnificat

Dank und Fürbitte

Binden eines Kräuterstraußes

Mehrere Frauen bringen einzelne Blumen und Kräuter, die von einer Frau zu einem festen Strauß zusammengefügt und am Schluss mit einem Band umwickelt werden. Der Text dazu wird entweder allein von der Frau gesprochen, die die jeweilige Blume bringt oder so aufgeteilt, dass der zweite Teil des Textes, der Dank, von einer anderen Frau gesprochen wird.

Eine alte Legende erzählt, dass auf Wunsch Marias die Apostel an ihrem Sterbebett anwesend waren. Als sie später, kurz vor der Beisetzung, den Sarg noch einmal öffneten, fanden sie statt des Leichnams eine Fülle duftender Blüten und Kräuter. Auf diese Legende soll der Brauch zurückgehen, am Fest der Aufnahme Mariens in den Himmel Sträuße mit Blumen und Kräutern in die Kirche zu bringen und sie segnen zu lassen. In einigen Gegenden gibt es feste Traditionen, wie ein solcher Strauß zusammengesetzt sein muss, meist werden aber einfach Blumen und vor allem Heilkräuter genommen, die in der Gegend wachsen und gerade blühen. Wir wollen nun einen solchen Strauß gemeinsam binden und dabei überlegen, was uns die einzelnen Pflanzen heute zu sagen haben.

Eine Frau bringt eine Königskerze.

Ich bringe eine Königskerze. Sie stellt in vielen Gegenden die Mitte des Kräuterstraußes dar. Die Königskerze wächst an Waldrändern, vor allem aber an steinigen Wegrändern und auf Schuttplätzen. Im Altertum war sie das Zepter der Himmelskönigin Artemis. Später wurde sie zur Pflanze der Gottesmutter Maria, ein gutes Symbol für die kleine, bescheidene Frau aus Nazaret, die zur wahren Himmelskönigin erhoben wurde. Die Königskerze ist von Alters her eine Heilpflanze. Ihre Blütenblätter werden zu Säften mit schleimlösender Wirkung und zu Wundsalben verarbeitet.

Gott, wir danken dir dafür, dass du in Maria eine von uns in die Mitte gestellt hast. Wir bitten dich für alle, die am Rande der Gesellschaft unbeachtet Bedeutendes leisten. Lass sie die Wertschätzung finden, die sie verdient haben.

Alle: Segne sie und lass sie zum Segen werden.

Eine Frau bringt eine Rose.

Ich bringe eine Rose. Sie ist die prominenteste aller Blumen, und schon seit dem Altertum das klassische Symbol der Liebe. Kein Wunder, dass auch Maria oft mit Rosen dargestellt wird. Daneben ist ihre Wirkung als Heilpflanze ganz in Vergessenheit geraten. Wer weiß denn noch, dass Rosenöl nicht nur wunderbar duftet, sondern auch entzündungshemmend und keimtötend wirkt? Dass ihre Früchte, die Hagebutten, viel Vitamin C enthalten, ist bekannt. Doch Marmelade macht man eher aus den Wildsorten als aus den Früchten der Gartenblumen.

Gott, wir danken dir für die Liebe unter den Menschen, die immer auch ein Abbild deiner Liebe ist. Wir bitten dich, segne alle Liebenden und hilf ihnen, ihre Liebe in Zeichen und Taten immer tiefer und reiner zum Ausdruck zu bringen.

Alle: Segne sie und lass sie zum Segen werden.

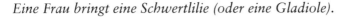

Eine Frau bringt eine Schwertlilie (oder eine Gladiole).

Ich bringe eine Schwertlilie (oder eine Gladiole). Sie ist ein Blickfang in unseren sommerlichen Gärten. Wir pflanzen sie eigentlich nur noch an, weil wir uns an ihrer Schönheit erfreuen möchten. Sie ist aber auch eine Heilpflanze. In der Toskana wird eine Schwertlilienart heute noch auf Feldern angebaut, weil man aus ihren Wurzeln Mittel gegen Migräne gewinnen kann.

Gott, wir danken dir für alle Schönheit bei Blumen und bei Menschen. Wir bitten dich für alle, die nur auf äußere Schönheit achten und darüber die inneren Werte vernachlässigen. Gib ihnen einen Blick, der tiefer sieht.

Alle: Segne sie und lass sie zum Segen werden.

Eine Frau bringt einen Rainfarn.

Ich bringe einen Rainfarn. Im Mittelalter galt er als Marienblume. Rainfarn wächst wild an Wegrändern und auf Brachen. Obwohl er so schön ist, wird er in unseren Gärten meist ausgerissen, wenn er sich dorthin verirrt hat. Er ist reich an heilenden ätherischen Ölen, darf aber nur von Fachleuten zu homöopathischen Zubereitungen verwendet werden, da bei falscher Dosierung schwere Nebenwirkungen auftreten können.

Gott, wir danken dir für das reiche Erfahrungswissen heilkundiger Menschen. Wir bitten dich für alle, die ihren guten Willen und ihre Begeisterung nicht an der richtigen Stelle einsetzen, und für alle, die ihnen helfen, das rechte Maß zu finden und einzuhalten.

Alle: Segne sie und lass sie zum Segen werden.

Eine Frau bringt eine Kamille.

Ich bringe Blüten der Kamille. Sie wächst wild an trockenen, steinigen Feldrändern, wird aber auch angebaut, denn sie ist eine der bekanntesten und meist gebrauchten Heilpflanzen. Ob in Salben, als Badezusatz oder als Tee, die Kamille ist überall im Einsatz, wo Entzündungen bekämpft und Wunden geheilt werden sollen.

Gott, wir danken dir, dass du uns so viele einfache Heilmittel wachsen lässt. Wir bitten dich für alle Menschen, die in Heilberufen arbeiten, und für alle, die sich um kranke Menschen sorgen.

Alle: Segne sie und lass sie zum Segen werden.

Eine Frau bringt eine Brennnessel.

Ich bringe eine blühende Brennnessel. Sie gilt gewöhnlich als Unkraut, ist aber eine wertvolle Heilpflanze. Ich trage Handschuhe, weil die Berührung der feinen Blatthärchen auf der Haut allergische Reaktionen auslöst, davon hat die Brennnessel ihren Namen. Aber eigentlich müsste man sie auch aus Hochachtung mit Handschuhen anfassen, denn sie hat wunderbare Wirkungen. Sie stärkt die Abwehrkräfte und hilft gegen Blutarmut. Aus den Wurzeln gewinnt man Mittel, die den Haarwuchs fördern. Man muss die haarige Brennnessel nur richtig behandeln: mit Handschuhen pflücken und dann kurz mit heißem Wasser überbrühen, anschließend kann man die jungen Blätter im Frühling wie Spinat zu köstlichen Gerichten verarbeiten.

Gott, wir danken dir, dass die Brennnessel uns lehrt, wie vieles, was uns auf den ersten Blick unangenehm scheint, in Wirklichkeit ein Segensgeschenk deiner Güte ist. Wir bitten dich für alle Menschen, die nach außen abweisend wirken, aber sich bei richtiger Behandlung als besonders gut und wertvoll erweisen.

Alle: Segne sie und lass sie zum Segen werden.

Eine Frau bringt Johanniskraut.

Ich bringe Johanniskraut. Die Wildform wächst an sonnigen, trockenen Plätzen am Waldrand, es gibt aber auch veredelte Gartenformen. In der Heilkunde wird Johanniskraut als Nervenmittel gegen Depressionen und Angstzustände verwendet.

Gott, wir danken dir, dass du uns gegen unsere Traurigkeiten und Ängste nicht nur Heilmittel schenkst, sondern auch Menschen, die uns helfen und trösten. Wir bitten dich für alle, die es schwer mit sich und anderen haben, und für diejenigen, die sie nicht mit ihrer Not allein lassen.

Alle: Segne sie und lass sie zum Segen werden.

Eine Frau bringt Schafgarbe/Frauenmantel.

Ich bringe Schafgarbe. Sie wächst auf vielen Wiesen und an Wegrändern. Als Heilpflanze wirkt sie gegen Menstruationsstörungen, krampflösend und entzündungshemmend und ist wie der Frauenmantel ein richtiges Frauenkraut. Wir finden beide Kräuter als Bestandteil von vielen Frauentee-Mischungen.

Gott, wir danken dir, dass auch in der Medizin immer mehr die speziellen Bedürfnisse von Frauen berücksichtigt werden. Wir bitten dich für alle Frauen, die immer noch unter frauenfeindlichen Bedingungen leben müssen, und für diejenigen, die dafür kämpfen, dass (in der Arbeitswelt) mehr Rücksicht auf die speziellen Bedürfnisse von Frauen genommen wird.

Alle: Segne sie und lass sie zum Segen werden.

Eine Frau bringt Kapuzinerkresse.

Ich bringe einen Stängel Kapuzinerkresse. Sie ist die Exotin in unseren Gärten und in den Balkonkästen, denn sie stammt aus Peru. Bei all ihrer anmutigen Schönheit ist sie auch noch sehr gesund, hilft bei Erkältungen und Infektionen der unteren Harnwege und gibt mit ihren essbaren Blättern und Blüten unseren Salaten und anderen Speisen Würze und Attraktivität zugleich.

Gott, wir danken dir, dass so viel Fremdes unser Leben interessanter und reicher macht. Wir bitten dich für alle Fremden, die bei uns leben, dass wir sie nicht misstrauisch ausgrenzen, sondern sie mit

Ehrfurcht vor ihrer Andersartigkeit als Bereicherung annehmen und ihnen bei uns eine zweite Heimat geben.

Alle: Segne sie und lass sie zum Segen werden.

Eine Frau bringt Weizen-, Hafer- und Gerstenähren.

Ich bringe Ähren von Weizen, Hafer und Gerste. Sie liefern unser tägliches Brot, und viele andere Grundnahrungsmittel werden daraus hergestellt.

Gott, wir danken dir für alles, was wir jeden Tag zu unserem Lebensunterhalt gebrauchen. Wir bitten dich für die Menschen in aller Welt, deren Arbeit und Mühe notwendig war, um herzustellen, wovon wir täglich leben.

Alle: Segne sie und lass sie zum Segen werden.

Eine Frau bringt verschiedene Gartenkräuter.

Ich bringe verschiedene Kräuter aus dem Garten: Liebstöckel, Rosmarin, Salbei und Thymian. Sie verleihen vielen Speisen Würze und Wohlgeschmack und fördern unsere Gesundheit auf vielfältige Weise.

Gott, wir danken dir für den Reichtum und die Vielfalt der Natur, die für jeden Geschmack und gegen jede Art von Beschwerden Würz- und Heilkräuter bereithält. Wir bitten dich für alle Menschen, dass sie in ihrer Individualität geschätzt werden und ihre eigenen, von dir geschenkten Gaben und Fähigkeiten entfalten dürfen.

Alle: Segne sie und lass sie zum Segen werden.

Eine Frau bringt einen Zweig Minze.

Ich bringe einen Zweig Minze. Sie wächst nicht nur in unserem Kräutergarten, sondern auch an Bachrändern und feuchte Waldwegen. Wir kennen sie aus vielen Anwendungen, von den Pfefferminzpastillen für guten Atem über den Pfefferminztee bei Verdauungsbeschwerden bis zum Minzöl, das wir gegen Kopfschmerzen auf unsere Schläfen reiben. Früher gab man Gebärenden kurz vor der Geburt Minzlikör. Die alten Ägypter flochten ihren Toten Kränze aus Minze und Blumen als Geleit ins Jenseits.

Gott, wir danken dir, dass du uns von der Geburt bis in den Tod mit deinen guten Gaben begleitest. Wir bitten dich für alle Frauen, die sich auf die Geburt eines Kindes vorbereiten, und für ihre Kinder. Wir bitten dich auch für alle Sterbenden und für die Toten.

Alle: Segne sie und lass sie zum Segen werden.

Eine Frau bringt ein Band, um den Strauß zusammenzubinden.

Ich bringe ein Band, mit dem wir die vielen Blumen und Kräuter zusammenbinden wollen. Erst so wird aus den vielen einzelnen Pflanzen ein neues Ganzes, ein Strauß. Schön ist dieser Strauß geworden in seiner Buntheit und Vielfalt. Auch wenn wir noch mehr oder ganz andere Pflanzen genommen hätten, wir hätten immer einen schönen Strauß bekommen, denn alles, was Gott geschaffen hat, ist gut und schön und wertvoll.

Gott, wir danken dir für das Band der Liebe, mit dem dein Geist uns immer neu zu einer Gemeinschaft verbindet. Lass uns in der Liebe und in der Gemeinschaft bleiben und so Zeuginnen deiner Liebe unter den Menschen sein. Segne uns und lass uns zum Segen werden.

Alle: Segne uns und lass uns zum Segen werden.

Gabenbereitung

»Herr, wir bringen in Brot und Wein unsere Welt zu dir« (GL 534)

Zur Gabenbereitung wird der Strauß zusammen mit Brot und Wein zum Altar gebracht und auf (oder vor) dem Altar in eine vorbereitete Vase gestellt.

Gebet zur Gabenbereitung

Gott des Lebens, mit den Gaben von Brot und Wein bringen wir in diesem Strauß unser ganzes Leben vor dich. Wie du Brot und Wein in Leib und Blut Christi wandelst, so wandle auch unser Leben, damit es wie Marias Leben zur Vollendung gelange in Christus, deinem Sohn.

Sanctus

»Heilig ist der Herr, der die Erde schuf und mehr« (s. S. 69)

Zum Friedensgruß

»Die kann ich nicht riechen«, sagen wir, wenn wir jemanden nicht leiden können. Damit wir einander gut riechen können und auch füreinander ein Wohlgeruch werden, wollen wir zum Friedensgruß kleine Fläschchen mit Duftöl (Minzöl) durch die Reihen geben. Geben Sie Ihrer Nachbarin einen kleinen Tropfen Duftöl auf die Hand und reichen Sie ihr dann das Fläschchen weiter. Wenn Sie möchten, können Sie ihr dabei einen persönlichen Friedens- oder Segenswunsch sagen.

Mehrere Frauen verteilen an verschiedenen Plätzen in der Kirche die Duftfläschchen. Dabei wird das Friedenslied gesungen.

Friedenslied

»Herr gib uns deinen Frieden« (Erdentöne – Himmelsklang 167)

»Herr« kann durch »Gott« ersetzt werden.

Schlussgebet

Gott, du hast die Jungfrau Maria berufen, die Mutter deines Sohnes zu sein, und du hast ihr die Kraft gegeben, diese Aufgabe treu zu erfüllen und so ihr Leben zur höchsten Vollendung zu entfalten.

Am Ende ihres Lebens hast du sie in den Himmel aufgenommen. Lass uns Maria zum Hoffnungszeichen werden, das uns Mut und Zuversicht schenkt, damit auch wir mit deiner Hilfe das Ziel unseres Lebens erreichen. Darum bitten wir durch Jesus Christus.

Kräutersegnung

Die Kräuter können auch schon nach dem Bringen gesegnet werden.

Gott, du hast uns das Leben geschenkt. Alles, was unser Leben fördert und erhält, ist ein Segensgeschenk von dir, auch die Kräuter und andere Pflanzen, die in unseren Gärten und in der freien Natur wachsen. Wir gebrauchen sie oft mit gedankenloser Selbstverständlichkeit. Du segnest uns durch sie. Sie sind uns Heil-Mittel, Mittel zum Heil, indem sie uns gegen Krankheiten helfen. Sie sind uns Lebens-Mittel, Mittel zum Leben, indem ihr Genuss unsere leibliche und seelische Gesundheit fördert.

Am Festtag der Gottesmutter Maria haben wir Sträuße von Blumen und Heilkräuter vor dich gebracht. Wir danken dir für die Gesundheit und die Freude, die du uns durch die Pflanzen schenkst.

Segne diese Kräuter und Blumen. Und wenn wir diese geweihten Sträuße zu Hause aufbewahren, dann möge ihr Anblick uns immer wieder daran erinnern, dass wir die Schätze deiner Gnade mit Dankbarkeit und Freude gebrauchen.

Darum bitten wir dich, heute und alle Tage unseres Lebens.

Lied

»Segne Vater Herz und Hand« (s. S. 46)

Segen

Lasst uns Gott um seinen Segen bitten, für uns und alle Menschen.
Segne uns, Gott, und mache uns dankbar
für die Gaben deiner Schöpfung, die uns nähren und heilen.
Segne uns, Gott, und mache uns dankbar

für die Hilfe und Förderung durch gute Menschen, die uns
Geborgenheit schenken.
Segne uns, Gott, und mache uns dankbar
für die Herausforderungen durch schwierige Menschen, die uns
reifen und wachsen lassen.
Segne uns, Gott, und segne alle Menschen,
denn du hast uns einander zum Segen gegeben.
Segne uns, Gott, Vater, Sohn und Heiliger Geist.

Gruß an Maria

Zum Abschluss unseres Gottesdienstes wollen wir noch einmal Maria grüßen, deren Aufnahme in den Himmel wir gefeiert haben. Wir tun dies mit dem Lied, das sie selbst gesungen hat, dem Magnifikat, und mit Worten von Hildegard von Bingen.

Lied

»Magnificat« (kfd-Liederbuch, Nr. 91)

Gebet

O lichte Mutter der heiligen Heilkunst,
durch deinen heiligen Sohn hast Salböl du
gegossen in Wund und Wehe des Todes,
den Eva uns gebracht zu unserm Elend.
Du hast vernichtet den Tod
und aufgebaut neues Leben.
Bitte für uns bei deinem Sohn,
du Stern des Meeres, Maria!
Du Mittlerin des Lebens, du Freude voller Glanz,
du Süße aller Wonnen, an denen nichts dir fehlte.
Bitte für uns bei deinem Sohn,
du Stern des Meeres, Maria!

(Hildegard von Bingen)

Lied

»Magnificat« (kfd-Liederbuch, Nr. 91)

Gebet

Liebste Mutter, wollest schauen,
auf dein Volk, das mit Vertrauen
dich als deine Mutter ehrt,
von dir Hilf und Trost begehrt.
Segne uns in deinem Herzen,
tröste uns in unsern Schmerzen,
steh uns bei in aller Not,
zeig uns Jesus nach dem Tod.

(Hildegard von Bingen)

Lied

»Magnificat« (kfd-Liederbuch, Nr. 91)

Am Schluss könnte an alle Teilnehmerinnen ein kleiner Zweig (z. B. von Minze, Salbei oder Rosmarin) oder ein kleines Kräutersträußchen verteilt werden.

Hannelore Elsässer

Lesetipp:
Zu den Kräutern, ihren Wirkungen und ihrer Geschichte:
Agnes Baum, Hausmittel & Heilkräuter aus Klöstern, Kneipp-Verlag, Leoben 2004.
Thorbeckes kleiner Klostergarten, Jan Thorbecke Verlag, Ostfildern 2005.

Gott segne eure Wege

SEGENSGOTTESDIENST NACH EINER WAHL

Dieser kurze Segensgottesdienst im Anschluss an eine Wahl in einen neuen Vorstand, z. B. in ein kfd-Leitungsteam, vermittelt gemeinschaftlich Stärkung und Ermächtigung, die neuen Herausforderungen anzunehmen. Für die Salbung wird Rosenöl gebraucht.

Einführung

Ich begrüße Sie herzlich zu dieser Segensfeier nach der Wahl des neuen kfd-Vorstandes. Wir möchten diesen Neubeginn bewusst unter den Segen Gottes stellen. Wir glauben, dass uns der Beistand des Heiligen Geistes zugesagt ist. Um diesen Geist bitten wir für die Zukunft unseres Verbandes, für uns Frauen, die wir als Gemeinschaft Kirche sind, für die nächsten konkreten Schritte, die wir gehen werden, für unser Miteinander. Wir bitten besonders auch für diejenigen, die neu gewählt oder wiedergewählt worden sind.

Lied

»Komm, allgewaltig heilger Hauch« (GL 242)

Lesung

Joël 3,1.3a   Eure Töchter werden Prophetinnen sein

Überleitung nach der Lesung

Diese Hoffnung auf die Geistzusage für uns alle möchten wir zum Ausdruck bringen in dem Segensgebet und für die Neugewählten dann auch zeichenhaft in einer Salbung mit Öl.

Gebet

Gott, der Schöpfer der Welt,
segne euch,
segne euren Blick zurück und euren Schritt nach vorn.
Gott segne eure Wege,
die sicheren und die tastenden Schritte,
die einsamen und die begleiteten,
die großen und die kleinen.
Gottes Segen umhülle euch auf euren Wegen
wie ein bergendes Zelt.
Gottes Segen sei bei euch
wie ein Stab und eine Stütze.
Gottes Segen bleibe bei euch
heute, morgen und alle Tage eures Lebens.
So geht im Segen und
gesegnet werdet ihr ein Segen sein für andere,
wohin der Weg euch auch führt.

(Hildegard Müller-Brünker)

Im Anschluss an das Gebet kommen alle Vorstandsmitglieder in den Altarraum und stellen sich im Halbkreis auf. Sie werden von der Gottesdienstleiterin (und evtl. einer weiteren Person) gesalbt, indem auf Stirn und Hand ein Kreuzzeichen mit Rosenöl gezeichnet wird.

Lied

»Mutter Geist« (FrauenGottesDienste 16, S. 71)

Dr. Annette Schleinzer und Barbara Viehoff

Materialien und Anregungen

Du bist gesegnet

T: Segensgebet aus dem 4. Jh.
M: W. Fürlinger

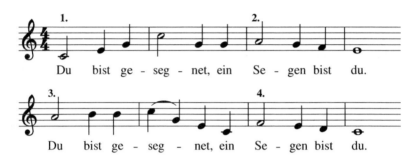

Du bist ge - seg - net, ein Se - gen bist du.

Du bist ge - seg - net, ein Se - gen bist du.

BESCHREIBUNG DER GEBÄRDEN ZUM LIEDRUF

Zum Segen, der im Liedruf zugesagt wird, stehen zwei Personen einander gegenüber. Diejenige, die zuerst segnet, singt den Text mit; die andere wird gesegnet, steht still und kann – wenn sie möchte – die Augen schließen.

»Du bist gesegnet«

Die Segnende nimmt ihre Arme seitlich an den Körperseiten der Partnerin hoch bis über den Kopf. Sie führt die Hände mit nach unten gewendeten Handflächen über dem Kopf zusammen. Sie hält die Hände segnend über sie.

»ein Segen bist du«

Die Hände werden wieder auseinandergeführt und rechts und links auf die Schultern gelegt.

Wiederholung des Liedtextes: siehe oben

Die Hände werden zügig seitlich heruntergeführt und mit einer kreisförmigen Bewegung wieder nach oben über den Kopf (s. o.).

Isolde Niehüser

Diese Idee zur Gebärde ist inspiriert durch eine Gebärdenchoreographie von Hilda-Maria Lander zu einem Segensgebet aus dem 4. Jahrhundert, dem dieser Liedruf vorangestellt ist: Hilda-Maria Lander, Maria-Regina Zohner, Geschmack an Erde und Himmel, Mainz 1998, S. 145-152.

Segne Vater Herz und Hand

T: Kinderkirchentags-Team
M: Peter Janssens

1. Seg-ne uns mit der Wei - te des Him-mels, seg-ne

uns mit der Wär - me der Son - ne, seg - ne

uns mit der Fri-sche des Was - sers, Gott, sei uns

nah und seg - ne uns. Refr. Seg - ne du, Gott, tausend

Ster - ne, seg - ne du, Gott, uns - re

Er - de, seg - ne du, Gott, Meer und

Land, seg-ne du, Gott, Herz und Hand.

2. Segne uns mit dem Rauschen der Wälder,
segne uns mit der Ernte der Felder,
segne uns mit der Kraft der Tiere,
Gott, sei uns nah und segne uns!

3. Segne uns mit den Träumen der Kinder,
segne uns mit der Liebe der Eltern,
segne uns mit den Geschichten der Alten,
Gott, sei uns nah und segne uns!

aus: Kurs: Gottes Erde 1985
alle Rechte im Peter Janssens Musik Verlag, Telgte-Westfalen

BESCHREIBUNG DER GEBÄRDEN

Das Lied »Segne uns« kann mit Gebärden unterstützt werden, die die Gottesdienstteilnehmerinnen an ihrem Ort in den Kirchenbänken ausführen. Die Tanzbeschreibung bezieht sich ausschließlich auf den Refrain des Liedes, sodass die Gemeinde bei den Strophen selbst mitsingen oder zuhören kann.

Ausgangsstellung: stehend in Kirchenbänken; Lücken in den Bankreihen möglichst schließen, wobei jede Person ausreichend Raum für Bewegung braucht; die Arme seitlich neben dem Körper

»Segne du, Gott, tausend Sterne,«

Rechten und linken Arm über seitlich/vorne langsam heben in die Orantenhaltung: rechter Winkel zwischen Oberarmen und Körperseite, angewinkelte und nach oben aufgestellte Unterarme

»segne du, Gott, unsere Erde,«

Beide Arme nach seitlich/oben ausstrecken und sofort oberhalb von Stirn/Kopf zum Kreis zusammenführen (bis »Gott«); Fingerspitzen berühren sich kurz und sind impulsgebend für die kreisförmige seitliche Abwärtsbewegung bis zur Ausgangsstellung (Vorstellung: die

runde Erde formen)

»segne du, Gott, Meer und Land,«

In dynamischer Bewegung rechten Arm von links unten über vorne nach rechts oben ziehen, Hände öffnen bei dieser Diagonalbewegung (Vorstellung: mit der Hand und dem Arm Segen auswerfen); linker Arm gegengleich

»segne du, Gott, Herz und Hand.«

Rechten und linken Arm langsam zusammenführen und über der Brust kreuzen (bis »Herz«), dann Arme schnell über vorne öffnen und seitlich senken, Hände fassen durch (bis »Hand«)

Isolde Niehüser

Segen und Fluch

»Heute werde ich euch den Segen und den Fluch vorlegen.« (Dtn 11,26)

Verflucht wer nach Geld giert
Verflucht wer mit Anerkennung geizt
Verflucht wer nach Seelen greift

Gesegnet wer mit Gottvertrauen geht
Gesegnet wer Erfolg gönnt
Gesegnet wer Zuwendung gibt

Wähle den Segen

Isolde Niehüser

Reise-Segen

Möge Gott, der Abraham und Sara auf die Reise
in ein unbekanntes Land schickte,
sie leitete und segnete,
auch uns beschützen und segnen
auf unseren Reisen.
Möge seine Treue uns stützen,
wenn wir abreisen.
Möge sein Geist mit uns sein
auf unserem Weg.
Und möge er uns zurückgeleiten
in Frieden in unsere Heimat.

Altes jüdisches Gebet

Abendsegen der heiligen Birgitta von Schweden

Lob sei dir, Herr, Gott,
der du bist und warst ohne Ende.

Du hast uns geschaffen,
dass wir in dir uns freuen.
Du hast uns dein unaussprechliches Licht gegeben,
in dem wir dich ewig genießen sollen.

Herr, lass deine Liebe walten
über dem Werk deiner Hände,
dem Menschen!

Du allein bist zu fürchten
in deiner unermesslichen Allgewalt.

Du allein bist zu schauen
in deiner Liebe.

Du allein bist zu lieben
in deiner unwandelbaren Seligkeit.

Ohne Ende seist du gelobt.

nach Birgitta von Schweden

Segen der heiligen Clara

Unser Herr segne dich
und behüte dich.
Er zeige dir sein Angesicht
und erbarme sich deiner.
Er wende dir sein Antlitz zu
und schenke dir den Frieden.

Gott schenke dir
hier auf Erden seine Zuwendung
und lasse dich wachsen im Guten.

Im Himmel schenke er dir einmal
die ganze Fülle des Lebens
und die Freude ohne Ende.

Der Herr sei mit dir zu allen Zeiten.
Und Gott gebe dir,
dass du allezeit in ihm bleibest.

Clara von Assisi

Gaben des Geistes

Gottes Weisheit erfülle, was prophetisch ist in uns.
Gottes Klarheit schärfe, was leiten soll.
Gottes Liebe schütze, was lehren wird.
Gottes Flamme entzünde, wo Zeugnis gefragt ist.
Gottes Zuversicht richte auf, was am Boden liegt.
Gottes Kraft stärke, was schwach ist.
Gottes Wärme hülle ein, was zu erstarren droht.

Gott segne uns,
mütterlich und väterlich,
heilend und sendend,
nährend, tröstend und stärkend.

Marie-Luise Langwald

Gehen

Ich gehe in der Kraft meines Gottes
nichts kann mich betrüben
Ich gehe in der Liebe Gottes
nichts kann mich davon trennen
Ich gehe in der Kraft seines Geistes
nichts kann mich schwächen
In Gottes Segen gehe ich

Brigitte Enzner-Probst

Segen wie der weite Himmel

Segen sei über mir wie der weite Himmel
Segen sei um mich wie ein wärmender Mantel im Winter
Segen sei neben mir wie die Hand einer Freundin
die mich hält wenn ich strauchle
Die Liebe Gottes fängt mich auf
Amen

Brigitte Enzner-Probst

Segen für Dich, Mutter

Nun stellst Du Dich dem Sterben.
Nun fragst Du:
Wie benehme ich mich denn dann?

Nun bittest Du um Beistand,
um wärmende Hände,
die Deinen Kopf halten.

Nun treten wir den Abschied an.
Wir wollen Dein Sterben gemeinsam erwarten.
Du gehst in die Ruhe hinweg.
Ich komme später nach.

Gottes Segen
verbinde uns beide,
wie ein Regenbogen
spanne er sich um uns.

Hanna Strack

Segen über einer alten Frau

Gott segne die Jahre Deines Lebens.
Gott schaue auf die Jahre der Fülle und die Jahre der Not.
Gott tanze mit der Freude Deiner Jugend.
Gott lächle über die Blüten Deines Humors.
Gott weine mit Dir in Deiner Trauer und Verlassenheit.
Gott hege und bewahre Deine Träume und Hoffnungen.
Gott streichle sanft über Deine faltigen Wangen.
Gott höre Deinen Phantasien leise zu.
Gott zürne über die bösen Angriffe gegen Dich.
Gott heile Deine tiefen Verwundungen.
Gott sehe und höre, was Du anderen angetan hast.
Gott nehme Dich liebevoll in die Arme.
Gott führe Dich in sein Reich der Liebe.

Hanna Strack

»Das Volk, das im Dunkel lebt, sieht ein helles Licht« (Jes 9,1)

GOTTESDIENST IM ADVENT

Für den Gottesdienst werden Zettel mit den Schrifttexten vorberei-
tet. Zum Vaterunser werden Kerzen bereitgestellt.

▣ Begrüßung und Einführung

»Licht« ist wohl *das* Zeichen der Advents- und Weihnachtszeit:
Lichter, Lichterketten, dekorative Beleuchtung über den Straßen,
Sterne, Kerzen … Lichterglanz überall in diesen dunklen Winter-
tagen. Ausdruck der menschlichen Sehnsucht nach Licht und
Wärme in dunkler Zeit.

Gedanken

Das Licht leuchtet in der Finsternis

Weihnachten feiern heißt, sich der Nacht stellen. Wir bekommen es auf neue Weise mit dem zu tun, was finster ist und auch mit all denen, die auf der Schattenseite des Lebens wohnen. Jesus öffnet uns die Augen für »die im Dunkeln«. Wir können und dürfen die nicht übersehen, die durch Erdbeben, Vertreibung und Flucht »im Dunkeln tappen«. Ganze Völker, die auf der Schattenseite der Entwicklung stehen und von ihren Schulden erdrückt werden.
Darf man heute im Festkreis von Weihnachten davon reden? Wie sollen wir denn von Weihnachten reden, wenn wir die Dunkelheiten verschweigen?
Der Glaube mutet uns Nachtwanderungen zu. Wir hoffen ja nicht auf uns selber: Darum brauchen wir unser Leben und unsere Geschichte nicht zu halbieren und immer nur die Lichtseiten vorzuzeigen – wie es jene Ideologien tun, die keine andere Hoffnung haben als die auf sich selbst. Das Licht, dem wir vertrauen, leuchtet in der Finsternis.

Gott kommt zur Welt –
in der schwärzesten Nacht.
Er schaut nicht kurz bei Tageslicht herein,
er sucht uns in der dunkelsten Nacht auf.
Wäre er einer von uns,
wenn er diesen Tiefpunkt gescheut hätte?
»Das Licht leuchtet in der Finsternis.«
Wer ihn hier sucht,
wer sich hier finden lässt,
für den werden die Nächte kürzer:
die Mitte der Nacht ist der Anfang des Tages.

(Franz Kamphaus)

Lied

»Wir sagen euch an den lieben Advent« (GL 115)

Gebet

Gott, du bist unser Licht und unser Heil: Vor wem sollten wir uns fürchten? Du bist die Kraft unseres Lebens: Vor wem sollte uns bangen? Auf dich bauen und vertrauen wir und preisen dich, dass in Jesus Christus dein Licht, deine Menschenfreundlichkeit und Güte erschienen sind.

Kyrie-Lied

»Sonne der Gerechtigkeit« (GL 644)

Lesungen

Jes 9,1–6   Das Volk, das im Dunkel lebt, sieht ein helles Licht

Mt 5,14–16   Ihr seid das Licht der Welt

Joh 8,12   Ich bin das Licht der Welt

Gespräch

Alle Teilnehmenden werden eingeladen, über die Schriftstellen und eigene Dunkel- und Licht-Erfahrungen ins Gespräch zu kommen.

Lied

»Christus, dein Licht« (FrauenGottesDienste 11, S. 66)

Fürbitten

Nach jeder Bitte wird eine kurze Stille gehalten.

Gott, dein Licht ist uns erschienen in Jesus Christus. Du willst das Heil und Leben in Fülle für alle Menschen – und doch gibt es in unserer Welt so viele Dunkelheiten und Unheil. Wir bitten dich:

– Für alle, die unter Gewalt, Terror und Krieg leiden in Israel, im Irak, in Afrika und überall in der Welt.

– Für alle, die in Krankheit, Leid, Not und Elend leben.

– Für alle, die voller Hass und Verblendung sind und töten.

– Für alle, die gerade jetzt in der Advents- und Weihnachtszeit einsam, traurig und verzweifelt sind.

– Für alle, die keine Arbeitsstelle finden.

– Für alle Verstorbenen, dass sie im Licht deiner ewigen Liebe geborgen sind.

– Für uns selbst, dass wir uns nicht in unseren Dunkelheiten verirren, sondern als deine Töchter das Licht deiner Liebe finden und weiterschenken.

Gott, höre unsere Bitten, auch die unausgesprochenen, um die du weißt, und zeige uns den Weg in dein Licht.

Lied

»Kündet allen in der Not« (GL 106)

Gedanken

Licht für die Welt

Es genügt nicht,
davon überzeugt zu sein,

dass die Geschichte unserer Welt
eine entscheidende Wende erfahren hat
durch das Kommen Jesu Christi.

Es genügt nicht,
daran zu glauben,
dass mit seinem Kommen
ein Licht aufgegangen ist
über der Finsternis dieser Welt.

Es genügt nicht,
im Dunkel der Erdentage
auf dieses Licht sehen zu wollen,
um so ein Stück Hoffnung zu haben
für sich selbst

Damit dieser Jesus auch heute
Licht für die Welt sein kann,
damit die ganze Menschheit
dieser Hoffnung teilhaftig werden kann,
braucht es unser Bemühen,
die Welt zu erhellen durch jene Liebe,
die ER verkündet und gelebt hat.

An seiner Stelle,
aber auch aus seiner Kraft
Licht für die Welt zu sein – das ist unser Auftrag!

(Ernst Wiedemann)

▓ Vaterunser

Als Sinnbild unserer Gemeinschaft wollen wir einen Kreis bilden.
Als Zeichen dafür, dass Jesus Christus als Gottes Licht unsere
Dunkelheiten erhellen will, zünden wir Kerzen an der Osterkerze an
und geben einander das Licht weiter. Dann wollen wir miteinander
das Vaterunser beten.

Schlussgebet und Segen

Gott, du unser Licht und unser Heil, bewahre und behüte uns. Lass uns in deiner Liebe und Barmherzigkeit geborgen sein. Stärke uns in der Kraft deines Geistes. Erleuchte und segne uns und lass uns Licht und Segen sein.

Lied

»Mache dich auf und werde Licht« (Erdentöne – Himmelsklang 91)

Wunsch

Zum Abschluss unseres Gottesdienstes lade ich Sie ein, auf eine andere Frau zuzugehen, mit ihr die Lichter auszutauschen und einander einen Wunsch zum Weihnachtsfest zu sagen.

Leise Musik wird gespielt.

Zusage

Zum Abschluss möchte ich Ihnen allen eine Zusage mit auf den Weg geben. Weihnachten heißt im Licht der Hoffnung leben: »Hoffnung ist nicht die Überzeugung, dass etwas gut ausgeht, sondern die Gewissheit, dass etwas Sinn hat, egal, wie es ausgeht« (Vaclav Havel).

Ingrid Riße

Wollen Sie ein friedlicher Mensch sein?

WORTGOTTESDIENST ZUM THEMA FRIEDEN

Orgelvorspiel

Begrüßung und Eröffnung

Ich begrüße Sie herzlich zu unserem Gottesdienst. »Wollen Sie ein friedlicher Mensch sein?« Spontan wird jede und jeder sagen: Aber ja doch, das will ich. Aber sind Sie sicher, dass Sie ein friedlicher Mensch sind? Zu welcher Gewalttätigkeit neigen Sie, neigen wir am ehesten? Dieser Gedanke hat uns sehr beschäftigt bei der Vorbereitung dieses Gottesdienstes.

Die Medien stellen es uns immer wieder vor Augen: Feindschaft, Friedlosigkeit und Gewalt, auch subtile, nicht zutage tretende Gewalt beherrschen die Welt und unseren Alltag. In diesem Gottesdienst wollen wir eine Ahnung vermitteln, wie Gewalt überwunden und die Gewaltspirale durchbrochen werden kann, wie Frieden gesucht werden kann. Lassen wir uns mitnehmen auf die Suche.

Nun feiern wir diesen Gottesdienst
im Namen Gottes, der Quelle unseres Lebens,
im Namen Jesu Christi, dem Grund unserer Hoffnung
und in der Kraft des Heiligen Geistes, die Erstarrtes zum Fließen
bringt, die aus Erschöpfung aufrichtet, die uns ermutigt und belebt.

Lied

»Komm, heil'ger Geist, mit deiner Kraft« (kfd-Liederbuch, Nr. 57)

Gebet

Komm heile uns Du heiliger Geist
Auf dass wir verbunden werden

Komm stärke uns Du feurige Kraft
Dass keine mehr kriechen muss

Komm schüttle uns Du brausende Böe
Auf dass wir ganz neu von Dir sprechen
Komm locke uns Du tiefes Geheimnis
Hinein in das Leben mit Dir

Und wenn wir dann ahnen wie Du uns gemeint hast
Und wenn wir dann spüren wie viele Du bist
Dann wag doch mit uns Gott die neue Erde
Lass blühen die Gärten der Gerechtigkeit

Komm heilender Geist verbinde die Erde
Komm mächtiges Brausen und wirbel uns mit

(Carola Moosbach)

Lesung

Mt 5,43–48   Liebet eure Feinde

Impuls

mit Trommeln begleitet

Sind Sie sicher, dass Sie ein friedlicher Mensch sind?
Zu welcher Art Gewalttätigkeit neigen Sie am ehesten:
Ohrfeigen und Schlägen,
verletzenden Worten,
tagelangem Schweigen,
Sperrung von Geldmitteln,
einsamen Entschlüssen über die Köpfe anderer hinweg,
Liebesentzug,
Tyrannei durch Launenhaftigkeit,
Verweigerung von Hilfe,
Einschüchterung durch geistige Überlegenheit?

Trommelnachspiel

Falls Sie immer noch überzeugt sind, ein friedlicher Mensch zu sein: Woran liegt es, dass Sie offenbar nie versucht sind, Gewalt anzuwenden? – Nehmen Sie alles so hin, wie es eben kommt?

Gedanken

Gewalt im Alter

In einem Pflegeheim sind Patienten geschlagen worden, das Essen war schlecht, die bettlägerigen alten Menschen sind mit schwerem Dekubitus in ein Krankenhaus eingeliefert worden.

Notizen, die wir lesen, vielleicht ereifern wir uns: Wie kann so etwas heute bei uns passieren? Tätliche Gewalt und Gewalt durch Unterlassung.

Viele Menschen pflegen ihre alten Eltern. Wie in den Pflegeheimen wird auch hier manchmal geschlagen. In Deutschland werden mehr als 600 000 Menschen zu Hause misshandelt. Die Pflegenden sind oft überfordert, weil sie alleingelassen werden. Nur wenige Pflegedienste können ambulante gerontopsychiatrische Pflege anbieten, weil die Kassen diese nicht entsprechend bezahlen. Die Strukturen tragen Mitschuld. Es ist strukturelle Gewalt, die Kranke schädigt und Pflegende überfordert, die seelisch und körperlich am Ende sind.

Wollen wir friedliche Menschen sein, die die Zeitung lesen und dann weglegen? Was soll's? Mir geht es ja noch gut, vor allem wenn ich erst 50 oder 60 Jahre alt bin. Wir können ja doch nichts machen.

Nein, ich will kein friedlicher Mensch sein. Ich will wie Jesus die Tische im Tempel umstürzen.

Lesung

Mt 21,12–13   Jesus stößt die Tische im Tempel um

Ein Beispiel

Eine Frau mit einem dunkelhäutigen Kind wurde in der Straßenbahn von einer alten Frau beschimpft mit den Worten: »Was haben Sie sich denn dabei gedacht, als Sie das gezeugt haben, haben Sie da nicht an Deutschland gedacht?« Die junge Frau mit dem dunkelhäutigen Kind erhob sich und wollte die Straßenbahn fluchtartig verlassen. Die alte Frau schimpfte weiter vor sich hin. Da erhoben sich zwei Schülerinnen und stellten sich zu der Mutter. Sie sprachen mit ihr und dem Kind und geleiteten die beiden zwei Bänke weiter. Die Schülerinnen brachten die Frau dazu, die Straßenbahn erst an der Haltestelle zu verlassen, zu der sie fahren wollte. Die vier Menschen führten ein fröhliches Gespräch. Als Mutter und Kind die Straßenbahn verlassen hatten, setzten sich die beiden Schülerinnen zu der immer noch schimpfenden Frau.

Mich hat das gewaltfreie Handeln und Intervenieren der Mädchen sehr beeindruckt, ihre Zivilcourage, mit der sie sich eingesetzt haben. Seither bin ich auch mutiger geworden, mich einzusetzen für Menschen, die Ablehnung erfahren. Dass das ohne Gewalt geht, habe ich in der Straßenbahn erlebt und gelernt.

Lied

»Lass uns den Weg der Gerechtigkeit gehen« (kfd-Liederbuch, Nr. 73,1–2)

Glaubensbekenntnis

In diesen Tagen der schlechten Nachrichten und anstrengenden Träume, in diesen Tagen, an denen wir manchmal nicht wissen, ob das Wünschen noch helfen kann, bekennen wir uns zu dir, Gott, du Quelle unserer Inspiration.

In diesen Tagen der Bedrohungen und der Kleingeistigkeit, in diesen Tagen, an denen manchmal Gleichgültigkeit das Land zu regieren scheint, beziehen wir uns auf dich, Gott, du Entschiedene, die du das Leben bist.

In diesen Tagen der Ängste und der Beschränkungen, in diesen Tagen, an denen wir die Unfreiheit verdammen wollen, verbinden wir uns mit dir, Gott, du bewegender Geist.

Wir glauben an deine Lieder, die du auf den Feldern der Armen erklingen lässt, wir glauben an deine Gedichte, die du denen zuflüsterst, die nichts mehr vom Leben erwarten. Amen.

(Julia Strecker)

Lied

»Lass uns den Weg der Gerechtigkeit gehen« (kfd-Liederbuch, Nr. 73,3)

Impuls

Sind Sie sicher, dass Sie ein friedlicher Mensch sind? Zu welcher Art Gewalttätigkeit neigen Sie am ehesten: Ohrfeigen und Schlägen, verletzenden Worten, tagelangem Schweigen, Sperrung von Geldmitteln, einsamen Entschlüssen über die Köpfe anderer hinweg, Liebesentzug, Tyrannei durch Launenhaftigkeit, Verweigerung von Hilfe, Einschüchterung durch geistige Überlegenheit?

Falls Sie immer noch überzeugt sind, ein friedlicher Mensch zu sein: Woran liegt es, dass Sie offenbar nie versucht sind, Gewalt anzuwenden? – Nehmen Sie alles so hin, wie es eben kommt?

Oder setzen Sie auf die Möglichkeit, gewaltlos Widerstand zu leisten? Welche Mittel und Wege stehen Ihnen dabei zur Verfügung?

Wir laden Sie ein, mit Ihrer Nachbarin über diese Fragen ins Gespräch zu kommen.

Zeit zum Gespräch der Teilnehmerinnen miteinander.

Lied

»Lass uns in deinem Namen, Herr« (Erdentöne – Himmelsklang 132,1–3)

Es empfiehlt sich, die Gottesanrede »Herr« durch »Gott« zu ersetzen.

Vaterunser

Zum Segen

Wir haben miteinander nachgedacht und uns ausgetauscht. Wir haben gesungen und gebetet und die Nähe Gottes in unserer Gemeinschaft erfahren. So lasst uns nun in unseren Alltag gehen mit dem Segen Gottes:

Möge niemals ein Tag vergehen,
an dem du sagen musst,
niemand hat mich gesehen, niemand hat mich gehört.
Sondern
mögen wir stattdessen Wege gehen,
die aufeinander zu führen.
Mögen wir so handeln,
dass wir den Frieden bauen.
Möge unser Denken sich erweitern,
dass es dem künftigen Leben dient.

So segne Gott unser Gehen, unser Handeln, unser Denken
in der Kraft des göttlichen Geistes, jetzt und immer.

Lied

»Gott gab uns Atem, damit wir leben« (kfd-Liederbuch, Nr. 98)

Annemarie Grajetzky und EFA,
Evangelische-Frauen-Alternative, Bochum

Ich möcht, dass einer mit mir geht

T u M: Hans Köbler

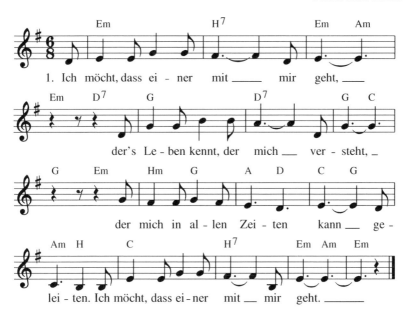

1. Ich möcht, dass ei - ner mit ___ mir geht, ___

der's Le - ben kennt, der mich ___ ver - steht, _

der mich in al - len Zei - ten kann ___ ge -

lei - ten. Ich möcht, dass ei - ner mit _ mir geht. ___

2. Ich wart, dass einer mit mir geht,
der auch im Schweren zu mir steht,
der in den dunklen Stunden mir verbunden.
Ich wart, dass einer mit mir geht.

3. Es heißt, dass einer mit mir geht, d
er's Leben kennt, der mich versteht,
der mich zu allen Zeiten kann begleiten.
Es heißt, dass einer mit mir geht.

4. Sie nennen ihn den Herren Christ,
der durch den Tod gegangen ist,
er will durch Leid und Freuden mich geleiten.
Ich möcht, dass einer mit mir geht.

»Einer« kann durch »eine« ersetzt werden.

Heilig ist der Herr, der die Erde schuf und mehr

T u M: Klaus Richter

1. Hei - lig ist der Herr, _____ der die Er - de schuf, und mehr, der die Luft uns gab, je - den neu - en Tag,
2. Hei - lig ist der Herr, _____ der uns Le - ben schenkt und mehr, der sich für uns gibt, un - sern Tod be - siegt, lasst uns
3. Hei - lig ist der Herr, _____ der uns Frie - den gibt und mehr, der uns liebt und hält und die gan - ze Welt,

ju - beln und ihm sin - gen: ___

1.+2.
Hei - lig, hei - lig, Herr. ___

3.
Hei - lig, hei - lig, Herr. ___

© itonmusik Verlag, 82152 Kralling
erschienen auf der CD iton 60226
Gottesdienstlieder »Da berühren sich Himmel und Erde«

STICHWORT LITURGIE

Gottesdienst in der Vielfältigkeit des Lebens

VON VERSCHIEDENEN FORMEN UND FEIERN

Der Apostel Paulus schreibt aus dem Gefängnis in Ephesus an die Gemeinde in Philippi: »Wenn auch mein Leben dargebracht wird zusammen mit dem Opfer und Gottesdienst eures Lebens, freue ich mich« (Phil 2,17). Von »Opfer« und »Gottesdienst« ist die Rede; hier keineswegs ausschließlich bezogen auf die Feier der Eucharistie, sondern auf das ganze christliche Leben, das durch den Glauben Anteil hat am Weg Christi, des Gottessohnes und erhöhten Herrn: »Er war Gott gleich, hielt aber nicht daran fest, wie Gott zu sein, sondern entäußerte sich und wurde wie ein Sklave, den Menschen gleich. Sein Leben war das eines Menschen; er erniedrigte sich und war gehorsam bis zum Tod, bis zum Tod am Kreuz. Darum hat ihn Gott über alle erhöht und ihm den Namen verliehen, der größer ist als alle Namen, damit alle im Himmel, auf der Erde und unter der Erde ihre Knie beugen vor dem Namen Jesu und jeder Mund bekennt: ›Jesus Christus ist

der Herr‹ – zur Ehre Gottes des Vaters« (Phil 2,6–11). In diesen Weg
der Erlösung und des Heils ist der/die Getaufte hinein genommen
(vgl. Gal 2,19–20); er und sie kann sich mittels dieses preisenden und
bekennenden Lobliedes, das Paulus den Philippern – und somit auch
uns – in den Mund formuliert, einüben in den wahren Gottesdienst
des Lebens (vgl. Röm 12,1). So ist nach Paulus das ganze christliche
Leben »Gottesdienst«, denn wer Gott anbetet, dessen Blick fällt in
die Wirklichkeit Gottes und er oder sie erkennt, dass Sich-Hingeben
in die Liebe Gottes Leben heißt. Diese Anerkennung Gottes, die
Unterwerfung unter seinen Willen, das Vertrauen in die göttliche
Vorsehung, das alles lebt und verwirklicht Jesus während seines gan-
zen Lebens und besonders in seinem Tod. Deshalb ist das Opfer des
Neuen Bundes das Lebensopfer, das im Vertrauen und Gehorsam
Gott dargebracht werden soll (vgl. Röm 12,1–12). Der neue Ort des
Gottesdienstes ist nach der Auferstehung Jesu Christi die Kirche als
Gemeinschaft der Getauften.

Für dieses »Opfer des Lebens« braucht der/die Gläubige, der/die
zwar durch Christi Leben, Tod und Auferstehung bereits erlöst ist,
aber die endgültigen Vollendung noch erwartet, Kristallisationsmo-
mente, in denen er/sie sich mit anderen Glaubenden bewusst in die
Nähe Gottes stellt, auf ihn hört und ihn antwortend anruft. All die
»Momente«, in denen dies geschieht, werden im engeren Sinn als
»Gottesdienst« bezeichnet. »Gottesdienst« kann dabei ganz verschiedene Formen annehmen. Zusammengehalten und geeint werden alle
großen und kleinen gottesdienstlichen Feiern als Teile des einen »Gottesdienstes des Lebens« durch das Heilswerk Gottes in Jesus Christus.

Formen des täglichen Gebets als Lebensatem der Kirche

Morgen- und Abendlob: »Tagzeitenliturgie«
Seit Anbeginn der christlichen Gemeinden prägt die Aufforderung
zum unablässigen Gebet (1 Thess 5,16–18) die Existenz des christlichen Lebens. Dieses Gebet, dieser immerwährende Dank, die Suche
nach Gottes Nähe ist sozusagen der Lebensatem der Gemeinde, der
die Menschen zurückführt auf den Ursprung und den Sinn ihrer Exis-

tenz und Gott als den bekennt, der er ist: der immer Größere. Das Gebot, »immer zu beten«, ist einer der vom Neuen Testament am häufigsten wiederholten Imperative: Lk 18,1; Lk 21,36; Eph 6,18; Kol 4,2 u. a.

Dieser Aufforderung beständiger Gottzugewandtheit haben Christinnen und Christen in unterschiedlicher Weise nachzukommen versucht. Während die frühen Mönche die Mahnung wörtlich nahmen und tatsächlich ohne Aufsplitterung in »liturgisches Beten« und andere Arten des Betens und Arbeitens ununterbrochen beteten, kristallisierten sich für die christlichen Gemeinden und ihre Amtsträger schon bald feste, den Tag strukturierende Gebetszeiten heraus. Anfänglich waren das Morgen- und Abendlob, zusammen mit der Eucharistie am Sonntag, die Hauptweisen, in denen die Kirche gemeinsam ihren Gottesdienst des dankbaren Lobens und unablässigen Betens ausübte. Morgen und Abend, Anfang und Ende des Tages, sind dabei symbolische Momente, in denen man ausdrückte, was Qualität des ganzen Tages sein sollte. Beten ist dabei so etwas wie das Atemholen des Glaubens: Lebendiger Glaube lebt wesentlich vom Rhythmus betenden Atemholens. Die Tagzeitenliturgie der Kirche ist also im Grunde nichts anderes als eine Heiligung des Lebens durch Hinwendung zu Gott am Beginn und Ende jeden Tages; und wann immer man will.

Im Laufe der Zeit hat sich aus verschiedenen Gründen das Gebet zu bestimmten Zeitpunkten des Tages zu einem Pflichtgebet der Kleriker und Ordensleute entwickelt und ist zu einem komplizierten System ausgebaut worden. Auch die Liturgiereform im Zuge des Zweiten Vatikanischen Konzils hat daran nicht wirklich Entscheidendes geändert. Dies ist bedauerlich, denn die Not des Gebets der einzelnen Christen und ganzer Gemeinden verlangt nach Vorbildern einer Gebetsliturgie, um heute zum Mitbeten einzuladen und ins Beten einzuüben. Folgendes ist dabei zu bedenken: Es ist sinnvoll, dass die Kirche eine Ordnung vorgibt, wie man angemessen Tag für Tag im Gebet sein kann, doch nicht diese Ordnung ist entscheidend. Entscheidend ist, dass die Kirche und ihre einzelnen Gemeinschaften betende Gemeinschaften sind, die immer wieder, Tag für Tag, im Hören auf die Schrift und in Lob, Dank, Bitte und Klage vor Gott stehen.

Der Rosenkranz: das meditative, am Heilsmysterium ausgerichtete Gebet

Das Rosenkranzgebet ist in seiner Vollgestalt eine in Zehnergruppen gegliederte Einheit von 150 Ave Maria, wobei jede Dekade (Ave-Zehner-Gruppe) von einem Vaterunser eingeleitet und mit dem »Ehre sei dem Vater« abgeschlossen wird. Wesentlich kommt die Betrachtung des Heilsplans Gottes in Jesus Christus (vgl. Eph 3,11) hinzu, wobei das eine Erlösungsmysterium in Einzelgeheimnisse (Gesätze) auseinandergefaltet wird. Jeweils fünf Dekaden oder Gesätze bilden je nach Inhalt der Geheimnisse den freudenreichen (Menschwerdung und Kindheit Jesu), den schmerzhaften (Leiden und Sterben), den glorreichen (Jesu Erhöhung und die in Maria als der Ersterlösten betrachtete Vollendung des Menschen) und den – von Johannes Paul II. 2002 neu eingefügten – lichtreichen (das Wirken Jesu) Rosenkranz. Beim gemeinsamen Rosenkranzgebet wird das jeweilige Gesätz vor jeder Dekade einmal genannt oder auch an den Namen Jesu in jedem Ave Maria als jeweils eigener Meditationsimpuls hinzugefügt. Am Beginn des Rosenkranzgebetes steht eine Einheit aus Apostolischem Glaubensbekenntnis, Doxologie, Vaterunser, drei Ave Maria mit den eingefügten Bitten um Glaube, Hoffnung und Liebe und einem »Ehre sei dem Vater«.

Das augenfälligste Merkmal dieses Gebetes ist die Wiederholung, hervorstechendes Merkmal jeder Meditation. Die Zahl 150 orientiert sich dabei an der Zahl der 150 Psalmen des Psalters, dem Grundbestand des Tagzeitengebets der Kirche, dessen tägliche (oder wöchentliche) Rezitation ein hohes Ideal im Mönchtum darstellt. Über den »Marien-Psalter« – also über die Rezitation der 150 Ave Maria – konnte nun auch der einfache Christ diesem Ideal nachkommen.

In den letzten Jahrzehnten ist das Rosenkranzgebet ziemlich in Verruf geraten, wird es doch als »mechanisches Geplapper« von ungebildeten alten Frauen desavouiert. Doch die Kraft des Rosenkranzes wird dabei übersehen, denn durch den meditativen Atem dieses Gebetes ist es möglich, einzutauchen in eine Tiefe, um ganz bei sich und bei Gott zu sein, um ganzheitliche Ruhe erlangen zu können. Man kann sich dem gleichmäßigen Fluss der Ave Maria überlassen und sich getragen fühlen. Dabei bleiben Betende durch diese Grundmelodie hindurch doch ausgerichtet auf das Heilsmysterium Gottes. In seinem apostolischen Schreiben *Rosarium Virginis Mariae* aus dem Jahr 2002 betont Johannes Paul II.: In der Abfolge der Geheimnisse kann unser Herz alle Ereignisse einschließen, die das Leben des und der Einzelnen ausmachen, denn so »bekommt das schlichte Gebet des Rosenkranzes den Rhythmus des menschlichen Lebens« (7).

Der Engel des Herrn: Erlösungsgedächtnis als tägliches Gebet
Zu den Formen des täglichen Gebets, das allerdings weitgehend aus der Übung gekommen ist, gehört der etwa seit dem 13. Jh. gebräuchliche »Engel des Herrn«. In weiten Teilen des deutschen Sprachgebiets wurde das »Angelusgebet« zunächst beim abendlichen Glockenläuten, das ursprünglich wohl als Mahnung zum Abdecken des Herdfeuers eingeführt wurde und die Kleriker zum Stundengebet rief, allein oder in der Gemeinschaft der Familie verrichtet, dann ab dem 17. Jh. auch als Gebet zum Morgen- und Mittagsläuten ausgedehnt. Das »Gotteslob« hat es daher auch unter der Rubrik »Grundgebete« aufgenommen (GL 2,7). Der Kernbestandteil des Gebets ist das dreimal wiederholte Ave Maria, dem drei Versikel[1] von der Menschwerdung Christi vorangestellt werden: »Der Engel des Herrn brachte Maria die Botschaft – und sie empfing vom Heiligen Geist« (nach Lk 1,26–35), »Siehe, ich bin die Magd des Herrn …« (Lk 1,38) und »Und das Wort ist Fleisch

---

1 Versikel = zweiteiliger kurzer Gebetsruf

geworden ...« (Joh 1,14). Der Ave-Text und die Verse gedenken damit des Heilsmysteriums der Menschwerdung. Da es zum Grundgesetz christlichen Betens gehört, dass es immer um das Ganze des Pascha-Mysteriums geht – auch wenn ein Aspekt im Vordergrund steht –, weitet die den Angelus abschließende Oration das Gedächtnis der Menschwerdung aus zum Gedächtnis des Kreuzestodes und der Auferstehung des Herrn.

Das Gedächtnis des Heilsmysteriums Gottes in Jesus Christus zieht die Betenden hinein in dieses Heilsgeschehen: Im Bekenntnis, was dieser Gott für ein Gott ist, erfahren sie das Gottsein wiederum an sich selbst. Es geht nicht um das Verrichten eines bestimmten Gebetes, sondern um die beständige Rückführung der eigenen Existenz auf den Grund allen Seins.

Andachten: »Ersatz«-form des Stundengebets und Meditationsform
Die Älteren kennen noch die Praxis der so genannten »Sonntagsnachmittags-Andachten«, die im deutschen Sprachgebiet bis zum Zweiten Vatikanischen Konzil sehr verbreitet waren. Die Struktur dieser Andachten (wir finden sie noch im Gotteslob) ist dem Stundengebet nachgebildet: Versikel – Liedstrophe – Antiphon – Versikel – Gebet. Mit diesem Andachtstyp liegt uns eine tatsächliche volkssprachliche »Ersatz«-form für das lateinische Breviergebet der Kleriker vor, das in seiner Grundstruktur eine Abfolge von Hymnus – Psalmodie – Oration bietet.

Erst im Spätmittelalter bzw. in der frühen Neuzeit entwickelten sich Andachtsformen, die mehr meditativen Charakter tragen. Dieser Meditationstyp ist besonders durch die Jesuiten gefördert worden, die, an die ignatianischen Exerzitien angelehnt, die Gläubigen zu zwar intellektuellen, aber gleichzeitig betont affektiven Betrachtungen des Lebens Jesu anleiteten. Gerade dieser Typ von Andacht ist fast eine Mischform von gemeinschaftlichem und persönlichem Gebet, wobei diese Andachtsform besonders von dem Bemühen geprägt ist, »vor Gott zu verweilen«.

Beliebt war dieser meditative Typ von Andacht vor dem Zweiten Vatikanischen Konzil als private Andacht, um einen Anschluss an die Messfeier zu finden, die ausschließlich als Handlung des Priesters angesehen wurde. Christen beteten so parallel zum Geschehen am Altar eine Messandacht, in der über das geistliche Geschehen der Messe reflektiert wurde. Seit der Aufklärung wurde eine solche Messandacht durchaus auch laut vorgebetet und gemeinsam gesprochen, während der Priester am Altar die Messe zelebrierte. Diese Praxis von volkstümlichen Andachten parallel zur Liturgie der Kirche ist durch den Wunsch des Konzils nach »voller, tätiger und bewusster Teilnahme aller Gläubigen an der Liturgie« (Sacrosanctum Concilium. Konstitution über die heilige Liturgie, Art. 14) beendet worden.

Andachten zu gewissen Zeiten und an bestimmten Festtagen sind lange wichtige Elemente im religiösen Leben des Volkes gewesen. Vor allem zwischen dem 15. und 19. Jh. haben sich eine Fülle von Andachtsformen herausgebildet. Zwei Beispiele mögen für einen reichen Kranz von Andachten für die verschiedenen Zeiten des Kirchenjahres und die vielfältig wechselnden Anliegen menschlichen Lebens stehen:

Ein Beispiel heute noch geübter Andachten ist die »Kreuzwegandacht«. Diese Andachtsform ist entstanden aus Umgängen, auf denen man in Jerusalem unter der Führung der Franziskaner die Heiligen Stätten besuchte. In dem Bemühen, diesen frommen Brauch nachzuahmen, entstanden auch hierzulande Nachbildungen dieser Umgänge, zunächst im Freien, wo Ausgangspunkt (Burg Antonia) und Endpunkt (Kalvarienberg) dargestellt wurden. Später wurden diese »Kreuzwege« durch Stationen bereichert, denen bestimmte Gebetsgehalte zugeordnet wurden. In Deutschland fügte man den 14 Stationen u. a. »sieben Fälle« hinzu. Etwa um 1700 begann man, auch im Innern der Kirchen Kreuzwege zu errichten, die nun zu gemeinschaftlichen Kreuzwegandachten in der Kirche einluden.

Vielleicht noch näher liegt vielen Gläubigen die Maiandacht. Andachten zu Ehren der heiligen Gottesmutter Maria wurden seit der ausgehenden Barockzeit im Zuge steigender Marienfrömmigkeit an jedem Tag des Monats Mai in den Familien (und Gemeinden) gehalten. Bis in die Zeit nach dem Zweiten Weltkrieg war es in Deutschland üblich, auch in den Häusern einen Mai-Altar (blumengeschmückte Marienstatue mit Maiglöckchen) aufzubauen und ein zusätzliches Ave Maria zum Morgen-, Tisch- und Abendgebet zu verrichten. Ursprünglich fanden die Andachten im Monat Mai als private Frömmigkeitsübung im Kreis der Familie statt, erst im 19. Jh. begann sich dieser Brauch als Feier der Gemeinde durchzusetzen. Auch hier stand im Zentrum des Brauchs ein besonderer Mai-Altar.

Gottesdienst als Feier des Lebens

Segensfeiern: Offenbarung des Schöpfungssinns

Anders als früher spielen Segnungen und Segnungsfeiern im Leben der Kirche keine besondere Rolle mehr. Manche belächeln gar derartige Bräuche als Relikte eines magischen Weltbildes und sehen gerade in Segnungen von Dingen, wie z. B. eines Feuerwehrfahrzeuges, von Kräutern oder von Tieren eher ein Gebräu aus heidnischem Erbe und mittelalterlich-dörflichem Volksglauben als einen Ausdruck echten Christentums. Man könnte fast meinen, die Sache mit den Segnungen habe sich erledigt, gäbe es nicht gerade in den letzten Jahren eine wahre Renaissance der Segnungen und Segnungsfeiern zu beobachten. Man werfe nur einen Blick in den nächsten Buchladen und schaue dort unter der entsprechenden Rubrik. Offenbar sitzt auch in den Menschen des 21. Jahrhunderts das Bedürfnis tief, das eigene Leben oder auch mehr oder weniger wichtige Dinge des Lebens, wie Wohnungen, Autos oder Handys gesegnet zu wissen, d. h.: *gut geheißen* (von benedicere) und *bezeichnet* (von signare – also: signiert, ausgezeichnet, zu Gott gehörig).

Gut geheißen ist wohl bemerkt etwas ganz anderes als »magisch aufgeladen«. Segnen im christlichen Verständnis ist Lobpreis des schenkenden und schützenden Gottes, der die im Lobpreis gepriesene Zuwendung wieder selbst vermittelt, sodass der Lobpreis letztlich zum Bekenntnis des Vertrauens auf die helfende und rettende

Nähe Gottes wird. Gottes Segen zielt auf Heil(ung) und Mehrung des Lebens, intendiert also immer aufs Neue das Gutheißen der Schöpfung. »Heilen« meint also hier: alles Geschaffene zu seinem eigentlichen Sein führen. Christinnen und Christen dürfen sich als Gesegnete gewiss sein, dass Christus kraft der Taufe in ihnen wohnt, und doch: Als Menschen bedürfen sie immer wieder der Vergewisserung über dieses Gesegnetsein, dieses Heilsein. So besteht Segnen einmal im Lobpreis Gottes, des Schöpfers, dem die Dinge gehören, und des Erlösers, der die Welt und damit auch die materiellen Dinge dazu führt, »gute Schöpfung« zu sein, d. h. Ort der Begegnung von Gott und Mensch. Aus diesem Lobpreis erwächst dann die Epiklese, die Herabrufung des Heiligen Geistes, der die zu segnenden Dinge mit der »guten Schöpfung« Gottes symbolisch identifiziert und so die materielle Welt zu einem Ort des Wirkens Gottes macht.

Segnungen und Segnungsgottesdienste sind also mehr als eine Mode. Die Liturgiekonstitution des Zweiten Vatikanischen Konzils »Sacrosanctum Concilium« (SC) betonte: »Wenn die Gläubigen recht bereitet sind, wird ihnen nahezu jedes Ereignis ihres Lebens geheiligt durch die göttliche Gnade, die ausströmt vom Pascha-Mysterium des Leidens, des Todes und der Auferstehung Christi, aus dem alle Sakramente und Sakramentalien ihre Kraft ableiten« (Art. 61).

Wort-Gottes-Feiern: » Von größtem Gewicht für die Liturgiefeier ist die Heilige Schrift« (SC 24)
Heute ist oft von »Wort-Gottes-Feier« die Rede, wo es noch vor wenigen Jahren »Wortgottesdienst« hieß. In dieser Benennung kommt das wieder gewonnene Bewusstsein für den Stellenwert des Wortes Gottes in der Liturgie überhaupt zum Ausdruck. Es ist eine Frucht des Zweiten Vatikanischen Konzils, dass es keinen Gottesdienst mehr gibt ohne Wortverkündigung, denn gottesdienstliches Feiern fußt auf dem Hören und mündet in eine Antwort auf das Gehörte. Die biblischen Schriften des Alten und Neuen Testaments stimmen in der Überzeugung überein, dass Gott sich im Wort, und

zwar im Wort menschlicher Rede, Menschen zu erkennen gibt und sich ihnen mitteilt: »Gleichwie Regen und Schnee vom Himmel fallen und dorthin nicht zurückkehren, ohne die Erde zu tränken, zu befeuchten und sie sprossen zu lassen, sodass sie Samen den Säenden und Brot den Essenden bringt, so verhält es sich mit meinem Wort, das aus meinem Mund hervorgeht: Es kommt nicht leer zu mir zurück, ohne vollbracht zu haben, was ich wollte und ausgeführt zu haben, wozu ich es sandte« (Jes 55,10–11). Das Wort Gottes kündigt nicht nur Geschehen an, sondern vollzieht im Sprechen bereits Rettung oder Gericht. Dies ist für alles gottesdienstliche Feiern grundlegend: Indem im Feiern Gottes Wort verkündet wird, geschieht dieses Wort an den Feiernden. Es ist nicht so, als ob im Gottesdienst an eine Episode aus einer längst vergangenen Geschichte erinnert wird, sondern das Wort Gottes im Menschenwort ereignet sich an den Hörenden. Die Botschaft des Alten Testaments ist hier ganz klar: »Hört, auf dass ihr lebt« (Jes 55,3). So kommt es darauf an, dass der Mensch das rechte Wort hört und im Hören zum Menschen wird. In immer neuen Melodiefolgen variiert die Bibel dieses eine Thema: Der Mensch lebt nicht vom Brot allein, sondern auch vom Wort des ihn rettenden Gottes. In Jesus spricht Gott dann gleichsam das Ur-Wort in die Geschichte hinein, sein Ja zu allen Verheißungen (2 Kor 1,19f).

Wie sehr das Wissen und der Glaube an eine wirkliche Gottesbegegnung in seinem Wort in den frühen Jahrhunderten der Kirche lebendig war, zeigen die Kirchenväter des Ostens und des Westens. Für sie lässt das Wort Gottes als objektives Heilshandeln Gott selbst präsent werden, es ist »Speise für den Christen«: »Was die leibliche Speise für die Erhaltung unserer Kraft, das ist die Lesung der Heiligen Schrift für die Seele« (Johannes Chrysostomus); oder: »So essen die Christen jeden Tag das Fleisch des Lammes, indem sie das Fleisch des Wortes genießen« (Origenes).

In einer Wort-Gottes-Feier geht es explizit um das Gestaltwerden des Wortes in der Liturgie: Da wird nicht etwas einst Gesagtes wiederholt, sondern hier und jetzt ergeht Gottes Wort durch jene, die es sprechen, an jene, die es hören. Seine Mahnung, sein Trost, seine Belehrung, seine Weisung etc. spricht Gott auf diese Weise den Menschen in ihren jeweiligen Lebenssituationen zu. Das Wort Gottes steht ganz im Zentrum, für dieses Wort ist Zeit, ihm zuliebe sind die Versammelten da.

Gegenüber dem Begriff »Wortgottesdienst« hat die Bezeichnung »Wort-Gottes-Feier« (für selbstständige Wortgottesdienste) den großen Vorteil des Zusatzes »Feier«: Hier geht es nicht um Katechese, nicht um Bibelstunde und Belehrung, sondern um »memoria«, um Gedächtnis, um Vergegenwärtigung. Verschiedene Riten helfen zu unterstreichen, dass Wortverkündigung im wahrsten Sinn ein Begegnungsereignis zwischen Gott und Mensch darstellt, das im Rahmen von »Feier« geschieht: Weihrauch, Kerzen, ein wertvolles Buch, eine Prozession mit dem Buch, verschiedene Gesänge, musikalische Gestaltung, Gebärden, Gesten, Zeichen, Tanz etc.

Diesen Wort-Gottes-Feiern kommt ohne Zweifel in kommender Zeit vermehrte Bedeutung zu. Nicht weil die geringer werdenden Priesterzahlen immer weniger Eucharistiefeiern zulassen werden, sondern weil es solcher Gottesdienstformen bedarf, in denen schlicht die Schrift gehört und meditiert wird und so der oft schwache und angefochtene Glaube sich persönlich und situationsgerecht artikulieren kann.

Wir konnten an dieser Stelle nur einen kleinen Blick in die »Schatzkiste Liturgie« werfen, in der noch so manches zu entdecken und zu heben wäre. Wer Lust bekommen hat, wem sich noch weitere Fragen stellen oder wer einfach noch mehr zu Hintergrund und Kraft der liturgischen Formen lesen möchte, findet gute Hinweise in: Rupert Berger, Pastoralliturgisches Handlexikon. Das Nachschlagewerk für alle Fragen zum Gottesdienst, Freiburg 2005 (siehe auch: »Kurz vorgestellt«, S. 83).

Birgit Jeggle-Merz

Birgit Jeggle-Merz, Dr. theol., verheiratet, zwei Kinder. Akademische Rätin für das Fach Liturgiewissenschaft am Arbeitsbereich

*Dogmatik und Liturgiewissenschaft der Universität Freiburg i. Br.,
Lehraufträge an verschiedenen Hochschulen (Deutschland/
Schweiz), Mitglied des Trägervereins des Deutschen Liturgischen
Instituts Trier, Dozentin für Liturgiewissenschaft im Theologischen
Kurs der Erzdiözese Freiburg, Mitglied der Liturgischen Kommis-
sion der Erzdiözese Freiburg, zahlreiche Veröffentlichungen.*

KURZ VORGESTELLT

Pastoralliturgisches Handlexikon

Rupert Berger, Pastoralliturgisches Handlexikon. Das Nachschlagewerk für alle Fragen zum Gottesdienst, Verlag Herder, Freiburg im Breisgau 2005, 576 S., ISBN 3-451-28590-8, Sonderausgabe € 19,90.

Woher kommt eigentlich der Begriff »Segen«? Wieso ist das Kreuzzeichen zum Segensgestus geworden? Was ist das »Benediktionale«? Dieses und mehr als 700 weitere Stichworte lassen sich im Pastoralliturgischen Handlexikon finden. Das praktische Nachschlagewerk ist inzwischen in dritter Auflage erschienen. Bei gleicher Grundkonzeption bietet die Neuauflage 2005 aktuelle Literaturhinweise und berücksichtigt Weiterentwicklungen in der Liturgie bis hin zu Veränderungen in liturgischen Büchern. Die Beiträge zu den Stichworten sind übersichtlich aufgebaut: Wort- und Begriffsklärung, Ursprung und geschichtliche Entfaltung, heutige Gestalt und Ordnung sowie gegebenenfalls pastorale Hinweise. Die

Beiträge werden abgerundet durch Hinweise auf weiterführende Literatur, bevorzugt auf aktuelle Zeitschriftenartikel, die für die liturgische Praxis hilfreich sind. Mit einem alphabetischen Verzeichnis aller Artikel und einem Zusatzregister zu Begriffen, die unter anderen Stichworten mitbehandelt werden, gelingt es, sich schnell zu orientieren.

Das Pastoralliturgische Handlexikon informiert verständlich und prägnant über Theorie und Praxis der Liturgie. So kann z. B. zu christlichen Symbolen wie dem Kreuz ein schneller Zugang gewonnen werden. Von »Abend« bis »Zwischengesang« wird alles Wissenswerte aus liturgischer Sicht erläutert. Es gibt Begriffe aus der liturgischen Fachsprache (Ritus, Evangeliar, Sakrament) und Begriffe aus dem Alltag (Duft, Eröffnung, Mensch). Ein Blick ins Handlexikon ist für alle lohnend, die sich in Pfarrgemeinden engagieren, die ehren- oder hauptamtlich in der Kirche tätig sind und Gottesdienste vorbereiten. Aber auch diejenigen, die sich »nur« für die christliche Liturgie interessieren, werden sich gut informiert fühlen.

Isolde Niehüser

VERWENDETE SCHRIFTSTELLEN

TEXTNACHWEIS

(Bei einigen Texten konnten wir keine Quellen bzw. Rechtsinhaber ausfindig machen. Für Hinweise sind Herausgeberinnen und Verlag dankbar.)

S. 12: Vom leichten Joch Jesu, aus: Das Neue Testament – übersetzt von Fridolin Stier, © Patmos Verlag GmbH & Co. KG, Düsseldorf

S. 52: Brigitte Enzner-Probst, Gehen, aus: Brigitte Enzner-Probst, Heimkommen, © Claudius Verlag, München

S. 53: Hanna Strack, Segen für Dich, Mutter, www.hanna-strack.de, © Rechte bei der Autorin

S. 53: Brigitte Enzner-Probst, Segen wie der weite Himmel, aus: Brigitte Enzner-Probst, Heimkommen, © Claudius Verlag, München

S. 54: Hanna Strack, Segen über einer alten Frau, www.hanna-strack.de, © Rechte bei der Autorin

S. 56: Franz Kamphaus, Gott kommt zur Welt, aus: Franz Kamphaus, Wenn Gott zur Welt kommt. Worte zu Weihnachten, hrsg. von Hanno Heil, Herder Verlag 1992, S. 79f., © Rechte beim Autor

S. 61: Carola Moosbach, Pfingsten erbeten, aus: Carola Moosbach, Gottflamme Du Schöne. Lob- und Klagegebete, Gütersloh 1997, © Rechte bei der Autorin

S. 64: Julia Strecker, In diesen Tagen ..., aus: Julia Strecker, Der Sehnsucht Sprache geben. Liturgische Texte für den Gottesdienst, Gütersloher Verlagshaus 2000, © Rechte bei der Autorin

LIEDREGISTER

Die Ziffer bezeichnet den Band FrauenGottesDienste, in dem das Lied abgedruckt ist. Lieder mit Tanzbeschreibung sind durch ein (T) gekennzeichnet.